Tobias Klein

Management Control Systems und Behavioral Branding im Dienstleistungsbereich

Diplomica Verlag GmbH

Klein, Tobias: Management Control Systems und Behavioral Branding im
Dienstleistungsbereich. Hamburg, Diplomica Verlag GmbH 2013

Buch-ISBN: 978-3-8428-9237-8
PDF-eBook-ISBN: 978-3-8428-4237-3
Druck/Herstellung: Diplomica® Verlag GmbH, Hamburg, 2013

Bibliografische Information der Deutschen Nationalbibliothek:
Die Deutsche Nationalbibliothek verzeichnet diese Publikation in der Deutschen
Nationalbibliografie; detaillierte bibliografische Daten sind im Internet über
http://dnb.d-nb.de abrufbar.

© Diplomica Verlag GmbH
Hermannstal 119k, 22119 Hamburg
http://www.diplomica-verlag.de, Hamburg 2013
Printed in Germany

Inhalt

Abbildungsverzeichnis III

Tabellenverzeichnis IV

Abkürzungsverzeichnis V

1   Einleitung 1

2   Behavioral Branding als gelebtes Markenversprechen 2

    2.1   Marke als Ausgangspunkt des Behavioral Branding 3

    2.2   Der Brand Behavior Funnel 8

    2.3   Brand Choice Behavior als Bedingung für Behavioral Branding 9

    2.4   Besondere Relevanz des Behavioral Branding im
        Dienstleistungsbereich 11

3   Management Control Systems als holistisches Steuerungskonzept zur
   Umsetzung des Behavioral Branding 15

    3.1   Ausgangspunkt der Management Control Systems: Lücke zwischen
        Vision und Realität 16

    3.2   Raison d´être des Einsatzes von Management Control Systems 17

    3.3   Vier Arten von Management Controls 18

    3.4   Potenziale und Grenzen im Hinblick auf Management Control
        Systems zur Implementierung des Behavioral Branding 25

4   Markenversprechen, Behavioral Branding und Management Control
   Systems in ausgewählten Unternehmen 33

    4.1   Vorstellung der Unternehmen sowie deren Markenversprechen:
        iDTGV®, *TGV Lyria®* und *Thalys®* 33

    4.2   Implementierung des Behavioral Branding durch Management
        Controls in den ausgewählten Unternehmen 42

4.3 Zwischenfazit: Eignung der Management Controls zur Implementierung von Behavioral Branding 53

4.4 Diversity Management als Faktor der erfolgreichen Implementierung von Behavioral Branding 55

5 Kritische Würdigung und Ausblick **60**

Literaturverzeichnis **63**

Abbildungsverzeichnis

Abb. 1:   Markenpersönlichkeit und menschliche Persönlichkeit 4

Abb. 2:   Modifiziertes Markensteuerrad nach Esch 6

Abb. 3:   Der Brand Behavior Funnel 9

Abb. 4:   Konstitutive Merkmale von Dienstleistungen 12

Abb. 5:   Gap-Modell der Dienstleistungsqualität 14

Tabellenverzeichnis

Tab. 1:   Control Problems adressed by each of the action control types 26

Tab. 2:   Control Problems adressed by the various ways
            of effecting personnel [...] controls 29

Tab. 3:   Control Problems adressed by the various ways
            of effecting [...] cultural controls 30

Abkürzungsverzeichnis

Abb.	Abbildung
bzw.	beziehungsweise
CFF®	Chemins de fer fédéraux suisses
CVBA	Coöperatieve vennootschap met beperkte aansprakelijkheid
d. h.	das heißt
f.	folgende (Seite)
ff.	folgende (Seiten)
FFS®	Ferrovie federali svizzere
FV	Fernverkehr
Hrsg.	Herausgeber
MCS	Management Control Systems
No.	Number
NMBS®	Nationale Maatschappij der Belgische Spoorwegen
NV	Nahverkehr
o. g.	oben genannte
S.	Seite
SBB®	Schweizer Bundesbahn
SCRL	Sociétés Coopérative à responsabilité limitée
SNCB®	Société nationale des chemins de fer belges
SNCF®	Société nationale des chemins de fer français
sog.	sogenannte
Tab.	Tabelle
TGV®	Train à grande vitesse (Hochgeschwindigkeitszug)
u. a.	unter anderem
VFS®	Viafiers federalas svizras
vgl.	vergleiche
Vol.	Volume
z. B.	zum Beispiel

1 Einleitung

Das Behavioral Branding kann als marktgerichtete Führungsphilosophie verstanden werden. Deren Zielsetzung ist es, die internen Kunden, d. h. die Mitarbeiter, dahingehend (intrinsisch) zu motivieren, dass sie im Kontakt mit den externen Kunden eine dem Markenversprechen konforme Botschaft zur Kompetenz der Marke zum Ausdruck bringen. Das Markenversprechen kann dem Kunden zum Beispiel durch den Slogan[1] einer Marke (= Vision der Marke in einem Satz) kommuniziert werden. Folglich werden die Erwartungen, die der Kunde an die Marke stellt, durch den Claim/Slogan geleitet. Das Unternehmen erwartet von seiner Belegschaft ein Auftreten im Sinne des Behavioral Brandings, welches den Kundenerwartungen – und damit dem Markenversprechen – entspricht. Die vorliegende Arbeit befasst sich mit der Frage, welche Management Control Systems eingesetzt werden sollten, um eine erfolgreiche Implementierung des Behavioral Brandings zu gewährleisten. Dieser Frage wird exemplarisch bei drei Dienstleistungsmarken im schienengebundenen Transportsektor nachgegangen, namentlich *iDTGV*®, *TGV Lyria*® und *Thalys*®. Dienstleistungsmarken eignen sich als Beispiele im Besonderen, da die Mitarbeiter – aufgrund des Fehlens physischer (Marken-)Eigenschaften – zum Qualitätssurrogat werden und somit ihr Auftreten den externen Kunden als Qualitätsindikator dient (im Sinne der Erfüllung des Markenversprechens). Anhand der genannten Beispiele soll gezeigt werden, dass eine Implementierung von Behavioral Branding nur durch ein Zusammenspiel von Action und Results Controls sowie Personnel und Cultural Controls vollzogen werden kann. Zudem werden Erkenntnisse aus dem Kontext des Diversity Managements herangezogen, einer Form der Unternehmens- und Personalpolitik, die sich mit den Persönlichkeitseigenschaften der Mitarbeiter befasst und zum Ziel hat, diese Eigenschaften als Ressourcen für das Unternehmen zu nutzen. Dadurch soll die Bedeutung der kulturellen Komponente bei der Implementierung von Behavioral Branding deutlich gemacht werden.

---

[1] Slogan und Claim werden in der vorliegenden Arbeit synonym verstanden und verwendet.

2 Behavioral Branding als gelebtes Markenversprechen

„Unter Behavioral Branding werden alle Maßnahmen bezeichnet, die dazu geeignet sind, den Aufbau und die Pflege von Marken durch zielgerichtetes Verhalten und persönliche Kommunikation zu unterstützen" (Kernstock, 2012, S. 7). Das Konzept des Behavioral Branding ist folglich eng mit dem der „Marke" verbunden, wobei die Marke in diesem Kontext als Versprechen angesehen werden kann, welches dem Kunden gegeben wird. Behavioral Branding kennzeichnet sich dadurch, dass sich die Mitarbeiter diesem Markenversprechen konform verhalten. Die Begriffe „Brand Behavior", „Brand Citizenship Behavior" und „Internal Branding"[2] werden oftmals im Kontext von Behavioral Branding genannt, sind jedoch inhaltlich folgendermaßen davon abzugrenzen:

Mit **Brand Behavior** ist das dem Markenversprechen konforme Verhalten selbst gemeint und nicht wie beim Behavioral Branding die normativ-strategische Konzeption seitens des strategischen Managements zur Umsetzung des Markenversprechens. Brand Behavior ist mithin das Ergebnis von Behavioral Branding. „Brand Behavior beschreibt das tatsächliche markenorientierte Verhalten." (Kernstock, 2012, S. 7). *Brand Behavior* ist daher das Ergebnis eines Behavioral Branding.

Mit **Brand Citizenship Behavior**[3] ist ein Verhalten der Mitarbeiter gemeint, welches sich nicht aus der Marke selbst ableiten lässt, aber dennoch den Aufbau der Markenidentität[4] positiv beeinflusst (Kreutzer/Salomon, 2009, S. 13). Im Mittelpunkt des Brand Citizenship Behavior stehen folgende sieben Dimensionen, die das Mitarbeiterverhalten charakterisieren: Hilfsbereitschaft, Markenbewusstsein, Markeninitiative, Sportsgeist, Markenmissionierung, Selbstentwicklung sowie Markenentwicklung (Kernstock, 2012, S. 9).

---

[2] Internal Branding wird oftmals synonym zu Behavioral Branding verwendet. Auch hiermit ist eine intern ausgerichtete Markenführung gemeint, die Maßnahmen umfasst, die zum Ziel haben, die Mitarbeiter in den Prozess der Markenbildung einzubeziehen.

[3] Das auch als „Markenbürgertum" (Meffert/Burmann/Kroes, 2005, S. 118) bezeichnete Konzept des *Brand Citizenship Behavior* wurde aus dem Konzept des *Organizational Citizenship Behavior* abgeleitet.

[4] Als *Markenidentität* wird das interne Vorstellungsbild über die Marke seitens der Mitarbeiter bezeichnet. Eine ausführliche Definition der Markenidentität folgt im weiteren Verlauf dieser Arbeit.

Im Zusammenhang mit Behavioral Branding wird auch Employer Branding (Arbeitgebermarkenbildung) genannt, was jedoch im Hinblick auf die Fragestellung der vorliegenden Arbeit hier nicht weiter aufgegriffen werden muss: Ziel des Employer Branding ist die Profilierung eines Unternehmens als attraktiver Arbeitgeber (Sponheuer 2010, S. 4).

2.1 Marke als Ausgangspunkt des Behavioral Branding

Da die Definition von „Behavioral Branding" eng mit der Definition von „Marke" zusammenhängt, ist es zunächst erforderlich, den Begriff „Marke" genauer zu fassen. Eine für die vorliegende Arbeit sinnvolle Arbeitsdefinition findet sich bei Esch (2008, S. 22), der Marken als „Vorstellungsbilder in den Köpfen der Anspruchsgruppen, die eine Identifikations- und Differenzierungsfunktion übernehmen und das Wahlverhalten prägen", definiert. Florack und Scarabis (2007, S. 177) gehen über diese statisch-funktionale Definition der Marke hinaus und schreiben ihr Charaktereigenschaften zu: „Sie [die Konsumenten] wählen Marken [...] unter anderem auch, weil sie Eigenschaften der Marke erschließen, die nicht direkt beobachtbar sind.". Um das in dieser Arbeit verwendete Konzept von „Marke" näher fassen und verdeutlichen zu können, in welcher Beziehung „Marke" und Behavioral Branding stehen, ist es notwendig, die Begriffe Markenpersönlichkeit, Markenidentität, Markenimage und Markenarchitektur näher zu betrachten.

Mit **Markenpersönlichkeit** ist ein Set von charakteristischen Eigenschaften einer Marke gemeint, die der Marke einen Erkennungswert, eine „Persönlichkeit" verschaffen (Aaker, 1997, S. 347). Ein Konzept zur Erfassung der „Charaktereigenschaften" einer Marke (= Markenpersönlichkeit), wurde von Aaker entwickelt und von Florack und Scarabis (2007, S. 178) „als Meilenstein in der wissenschaftlichen Erforschung der Markenpersönlichkeit" bezeichnet. Aaker entwickelte dieses Konzept im Rahmen ihrer qualitativ-quantitativen Studie, aufbauend auf dem Modell des sogenannten Fünf-Faktoren-Modells aus dem Bereich der Persönlichkeitspsychologie, die als Dimensionen zur Beschreibung menschlicher Persönlichkeit herangezogen werden können (Gerrig, R. J./Zimbardo, P. G., 2008, S. 508 f.), (siehe Abb. unten, rechte Spalte „Mensch"), diese Persönlichkeitsdimensionen sind: Extraversion, Verträglichkeit, Gewissenhaftigkeit, Neurotizismus und Offenheit für Erfahrungen. Analog zu diesen „Big Five" definiert Aaker fünf Dimensionen zur Beschreibung der Markenpersönlichkeit (siehe Abb.

unten, linke Spalte „Marke"), diese sind: Erregung/Spannung, Aufrichtigkeit, Kompetenz, Kultiviertheit und Robustheit.

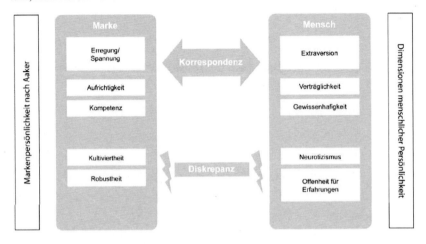

Abb. 1: Markenpersönlichkeit und menschliche Persönlichkeit
(Quelle: Florack/Scarabis, 2007, S. 178; Grafik: S. Pannes)

Wie der Abbildung zu entnehmen ist, besteht eine „Korrespondenz" zwischen den drei Markenpersönlichkeitsdimensionen (Erregung/Spannung, Aufrichtigkeit und Kompetenz) und den drei menschlichen Persönlichkeitsdimensionen (Extraversion, Verträglichkeit und Gewissenhaftigkeit), (Florack/Scarabis, 2007, S. 178). Im Hinblick auf die Konsumenten sprechen Florack und Scarabis den Markenpersönlichkeiten einen selbstwertergänzenden Charakter zu: Die jeweilige Markenpersönlichkeit „erlaubt Konsumenten, ihr Selbst zu unterstreichen oder in Richtung eines gewünschten Zustands zu ergänzen." (Florack/Scarabis, 2007, S. 192). Demzufolge beeinflusst die Markenpersönlichkeit die Kunden-Mitarbeiter-Interaktion fundamental: Die Markenpersönlichkeit hat „einen moderaten, aber wichtigen Einfluss auf die Wahrnehmung, die Erwartungen und das Verhalten von Konsumenten." (Florack/Scarabis, 2007, S. 192). So verlangen die Konsumenten von den Mitarbeitern ein der Markenpersönlichkeit entsprechendes Verhalten. Florak und Scarabis betonen, dass die Markenpersönlichkeit als integraler Bestandteil der *Markenidentität* zu verstehen ist (Florack/Scarabis, 2007, S. 193).

Mit **Markenidentität** ist das Selbstbild der Marke gemeint. Esch (2008, S. 81) definiert dies folgendermaßen: „Die Markenidentität bringt zum Ausdruck, wofür eine Marke stehen soll. Sie umfasst die essentiellen und wesensprägenden Merkmale einer Marke.".

4

Burmann et al. (2007, S. 4) unterschieden bei der Markenidentität zwischen der Markenidentität *im engeren* und der Markenidentität *im weiteren Sinne*: Im engeren Sinne kann die Markenidentität als innengerichtete Vision der Marke verstanden werden, im weiteren Sinne geht es dann darum, eben diese Vision nach außen zu kommunizieren, um sie sodann – im Sinne des Behavioral Brandings – nach außen zu leben. Burmann et al. (2007, S. 5 ff.) unterteilen dabei die Markenidentität in sechs Komponenten: Zwei dieser Komponenten, die Vision („Wohin wollen wir?") und die Herkunft („Woher kommen wir?") bilden den Ausgangspunkt der weiteren Komponenten: Persönlichkeit („Wie treten wir auf?"), Werte („Woran glauben wir?"), Kompetenzen („Was können wir?") und Leistungen („Was tun wir?"). Die letzte und bedeutendste Komponente der Markenidentität ist die der Leistungen („Was tun wir?"), diese Komponente hat einen erheblichen Einfluss auf das **Markenimage**, das als Vorstellungsbild zu verstehen ist, welches sich der Konsument von der Marke macht. Um das Markenimage möglichst positiv zu beeinflussen, bedürfen der Aufbau und die Kommunikation der unternehmensseitigen Markenidentität einer entsprechenden Pflege: Die Markenidentität muss vom Unternehmen strategisch ausgearbeitet und effizient umgesetzt werden. Zur Erfassung und Umsetzung von Markenidentität seitens des Unternehmens kann das modifizierte *Markensteuerrad*[5] von Esch eingesetzt werden (Esch, 2008, S. 100 ff.): Auf strategischer Ebene lässt sich die Markenidentität mithilfe des Markensteuerrades konzipieren, auf operativer Ebene dient das Markensteuerrad als Richtlinie für die gezielte Umsetzung der Markenidentität. Dies ist im Hinblick auf die Ausgestaltung des Behavioral Branding wichtig, bei dem es darum geht, das Mitarbeiterverhalten im Sinne der Markenidentität zu fördern. Mit dem Markensteuerrad werden nämlich verschiedene Dimensionen einer Marke veranschaulicht. Diese Dimensionen sind: die Markenkompetenz („Wer bin ich?"), die den Kern des Markensteuerrades bildet, die Markentonalität („Wie bin ich?"), das Markenbild („Wie trete ich auf?"), die Markenattribute („Über welche Eigenschaften verfüge ich?") und der Markennutzen („Was biete ich an?").

---

[5] Ursprünglich entwickelt wurde das Markensteuerrad von *Icon Added Value*; Esch greift dieses auf und entwickelt es weiter (Esch, 2010, S. 101). Im Folgenden wird der weiterentwickelte Ansatz von Esch berücksichtigt.

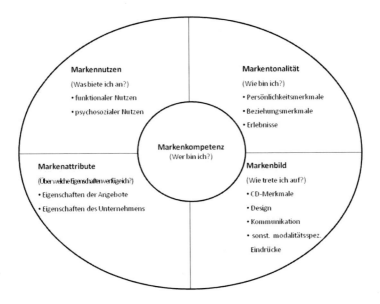

Abb. 2: Modifiziertes Markensteuerrad nach Esch
(Quelle: Eigene Darstellung in Anlehnung an Esch, 2008, S. 102)

Für die Ausgestaltung des Behavioral Branding von Mitarbeitern, die im direkten Kundenkontakt stehen, ist vor allem das Markenbild („Wie trete ich auf?") von Bedeutung, da dieses das Auftreten und Verhalten im Kundenkontakt bestimmt. Das Markensteuerrad kann daher als ein wesentliches Instrument in der Implementierung von Behavioral Branding angesehen werden.

Im Hinblick auf das Verhältnis von Markenimage und Markenidentität einerseits und Behavioral Branding andererseits ist Folgendes festzuhalten: Als integraler Bestandteil der Markenidentität evoziert das Führungskonzept des Behavioral Branding ein bestimmtes, distinktives Auftreten im Kundenkontakt, es ist zielgerichtet, insofern es den Aufbau und die Pflege des *Markenimages* zum Gegenstand hat. Während die Markenidentität, ihrer unternehmensinternen Perspektive Rechnung tragend, als Selbstbild bezeichnet wird, kann das Markenimage, seiner externen Perspektive Rechnung tragend, als Fremdbild bezeichnet werden (Burmann/Meffert, 2005a, S. 49; Esch, 2008, S. 81). Die unternehmensinterne Markenidentität lässt sich gezielter und somit effizienter steuern als das unternehmensexterne Markenimage. Da Letzteres jedoch den unternehmeri-

6

schen Erfolg determiniert, gilt es, die Markenidentität hinsichtlich der Beeinflussung des Markenimages zu instrumentalisieren, dies genau kann mittels des Behavioral Branding durch dessen Multiplikatoreffekt erzielt werden, indem das Verhalten der Mitarbeiter dahin gehend beeinflusst wird, dass diese zu überzeugten internen Kunden werden, somit intrinsisch motiviert sind und im Kundenkontakt neue externe Kunden gewinnen, die – im Idealfall – ihrerseits weitere externe Kunden gewinnen. Durch das Behavioral Branding kann folglich eine Annäherung von unternehmensseitiger Markenidentität und kundenseitigem Markenimage erreicht werden. Eine weitere wichtige Determinante, welche die Konzeption des Behavioral Branding beeinflusst, ist die **Markenarchitektur.** Die Markenarchitektur, die auf Unternehmensseite entwickelt wird, wird mit der Frage „Wie trete ich auf?" (Markenbild) umschrieben: Die Markenarchitektur kann, analog der Organisationslehre, als Markenorganigramm verstanden werden, da sie die Rolle der Marke und ihre Beziehung zu anderen Marken festlegt (Burmann/Meffert, 2005b, S. 165; Einwiller, 2007, S. 122). Hinsichtlich der Beziehung zu anderen Marken unterscheidet man zwischen Einzel-, Familien- und Dachmarken, wobei Erstere stets vertreten ist. Esch (2008, S. 346) definiert die Einzelmarke als „Eine Marke = ein Produkt = ein Produktversprechen." Im Hinblick auf das Behavioral Branding ist die Einzelmarkenstrategie die bestmöglichste Rahmenbedingung, da gezielt auf die Bedürfnisse einer festumrissenen Marke und deren Eigenschaften eingegangen werden kann. Bei einer Familienmarke werden verschiedene Leistungen unter einer Marke angeboten (Esch, 2008, S. 348). Eine Dachmarke liegt vor, wenn Einzelmarken unter einer gemeinschaftlichen Unternehmensmarke geführt werden (Esch, 2008, S. 353). Die Dachmarke kann, muss dabei aber nicht unbedingt in Erscheinung treten. Neben den Einzel-, Familien- und Dachmarken ist im Rahmen der Markenarchitektur auch die *Markenallianz* (bzw. Strategische Allianz) zu nennen, die kooperative Zusammenschlüsse einzelner Marken bezeichnet. Der Aufbau der Markenarchitektur hat Auswirkungen auf die Konzeption des Behavioral Branding: Je nach Aufbau der Markenarchitektur sehen sich die Mitarbeiter eher als Repräsentanten der spezifischen Marke oder als Repräsentanten eines Unternehmens, welches mehrere Marken vertritt. Da es jedoch beim Behavioral Branding gerade darum geht, Brand Behavior zu erzeugen, also ein – im Sinne der Markenidentität – dem Markenversprechen konformes Verhalten des Mitarbeiters, ist die Orientierung an einer Marke einfacher als die Orientierung an mehreren Marken (und somit mehreren Markenidentitäten). Folglich stellt sich für das strategische Management hinsichtlich der Markenarchitektur die Frage, ob in erster Linie die Unternehmensmarke oder die spezifische (Einzel-)Marke beim Behavioral Branding im Mittelpunkt stehen soll. Das durch die Mitarbeiter gezeigte Verhalten wird sich an dieser Entscheidung ausrichten.

2.2 Der Brand Behavior Funnel

Zielsetzung des Behavioral Branding ist es, einen Zustand zu erreichen, in welchem die Mitarbeiter intrinsisch motiviert sind, die Markenidentität zu leben. Das in der Interaktion mit dem Kunden tatsächlich gezeigte Mitarbeiterverhalten, wird Brand Behavior genannt (Wentzel et al., 2012, S. 83) und ist das Resultat eines Kommunikationsprozesses im Rahmen des Behavioral Branding, bei dem seitens des strategischen Managements der Versuch unternommen wird, den internen Kunden die Markenidentität nahezubringen. Beim Brand Behavior Funnel handelt es sich um ein Instrument, das zur Analyse und zur Steuerung von Brand Behavior eingesetzt werden kann (Wentzel et al., 2012, S. 83). Im Kontext der vorliegenden Arbeit liegt das Augenmerk auf der Schnittstelle zwischen dem Unternehmen und den Mitarbeitern, und zwar hinsichtlich der Frage, wie das strategische Management die Mitarbeiter motivieren kann, die Markenidentität zu „leben" und sich gegenüber dem Kunden markenkonform zu verhalten. Der Brand Behavior Funnel ermöglicht es, die Ausprägung der Dispositionen „Wissen", „Commitment", „Fähigkeit" und „Verhalten" bei den Mitarbeitern zu analysieren. Die Ergebnisse dieser Analyse können dem strategischen Management als Anhaltspunkte bei der Formung und Förderung des markenkonformen Verhaltens der Mitarbeiter dienen. **Wissen** ist in diesem Kontext als Markenwissen zu verstehen: So muss der Mitarbeiter das Markenversprechen verstanden haben, damit er es durch adäquates Verhalten einlösen kann. Er muss mit den Charaktereigenschaften der Markenpersönlichkeit vertraut sein, um die Markenidentität repräsentieren zu können, dies sind Voraussetzungen um das kundenseitige Markenimage positiv beeinflussen zu können (Wentzel et al., 2012, S. 85 f.). (Marken-)Wissen ist also notwendig, jedoch ist es nicht hinreichend, um Brand Behavior beim Mitarbeiter zu evozieren (Wentzel et al., 2012, S. 86), hierfür bedarf es außerdem der Loyalität des Mitarbeiters gegenüber seiner Marke, diese wird als **Commitment** bezeichnet. Fühlt sich der Mitarbeiter also der durch ihn repräsentierten Marke verbunden, wird er intrinsisch motiviert sein, ein der Markenidentität konformes

Verhalten zu zeigen. In der Literatur wird zwischen drei Arten von Commitment unterschieden: dem affektiven Commitment (emotionale Bindung des Mitarbeiters an die Marke), dem rationalen Commitment (Kosten-/Nutzenabwägung des Mitarbeiters) und schließlich dem normativen Commitment (Empfinden einer moralischen Verpflichtung gegenüber dem Unternehmen/der Marke) (Wentzel et al., 2012, S. 86). Verfügt der Mitarbeiter über das (Marken-)Wissen und ist der Marke verbunden, bedarf es letztlich der **Fähigkeit** (Kompetenz, Vermögen: erlernt oder angeboren), dies umzusetzen (Wentzel et al., 2012, S. 87 f.): Hiermit sind jedoch nicht nur arbeitsspezifische Fertigkeiten, sondern auch psychische Kompetenzen gemeint. Mit der letzten Mitarbeiterdisposition des Brand Behavior Funnels, dem **Verhalten** letztendlich ist das tatsächlich beobachtbare Verhalten des Mitarbeiters gemeint, welches durch die vorgenannten Dispositionen beeinflusst wird (Wentzel et al., 2012, S. 89 f.).

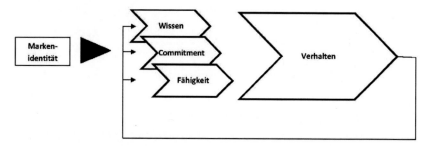

Abb. 3: Der Brand Behavior Funnel
(Quelle: Eigene Darstellung in Anlehnung an Wentzel et al., 2012, S. 84)

2.3 Brand Choice Behavior als Bedingung für Behavioral Branding

Der Begriff *Brand Choice Behavior* wurde im Wesentlichen durch die Studien von Jacoby, Speller und Kohn (1974, S. 63) geprägt, womit das Markenwahlverhalten von Konsumenten gemeint ist: Aufgrund der Markenvielfalt findet die Markenwahl eines Konsumenten nicht auf der Basis rationaler Überlegungen statt, sondern auf der Basis des positiven Markenimages, welches er sich von bestimmten Marken gebildet hat (Jacoby/Speller/Kohn, 1974, S. 67). Das Markenimage, d. h. die kundenseitige Markenwahrnehmung und die Markenidentität, d. h. das unternehmensseitige Konzept der Marke, sollten im Idealfall übereinstimmen (Burmann/Meffert/Feddersen, 2007,

9

S. 11 f.). Dieses unternehmensseitige Konzept der Marke wurde in dieser Arbeit bereits auch als „Markenversprechen" umschrieben, welches dem Konsumenten gegeben wird. Der Konsument erwartet also, dass das Markenversprechen erfüllt wird. Um diese Erwartung erfüllen zu können, müssen (u. a.) die Mitarbeiter eines Unternehmens der Markenidentität entsprechend agieren, dies wiederum kann mittels des Behavioral Branding durch das strategische Management des Unternehmens gefördert werden. Durch die Erfüllung des Markenversprechens entwickelt der Konsument ein positives Markenimage – der Mitarbeiter kann so die *Brand Choice Behavior* zugunsten der eigenen Marke beeinflussen, aber nicht nur die Erfüllung des Markenversprechens, sondern auch die Vermeidung von Unsicherheit ist für die *Brand Choice Behavior* ausschlaggebend: Die Entscheidung für oder gegen eine Marke ist für den Konsumenten durch eine hohe Unsicherheit geprägt, die „richtige" Entscheidung zu treffen (Jacoby/Speller/Kohn, 1974, S. 67). Dies erzeugt eine sog. *kognitive Dissonanz*, was sich bei dem Konsumenten als ein unangenehm empfundenes Gefühl niederschlägt.[6] Hier kann der Mitarbeiter dem markenaffinen Konsumenten Sicherheit verschaffen, indem er sich markenspezifisch verhält und dem Konsumenten einen (Marken-)Wiedererkennungs- und Sicherheitseffekt gibt. Unsichere Kunden tendieren dazu, sich an eine Marke zu binden (Esch, 2008, S. 25). Dieser Effekt kann durch eine positive Konsumenten-Mitarbeiter-Interaktion unterstützt werden: Behavioral Branding kann demzufolge die im Rahmen von Brand Choice Behavior aufkeimende Markenloyalität fördern.

---

[6] Die durch Leon Festinger (1957) begründete Theorie der kognitiven Dissonanz besagt, dass Menschen Handlungen als unangenehm empfinden, die ihrer Selbstwahrnehmung zuwider stehen (Festinger, 1957, S. 1 ff.). So könnte es bspw. ein umweltbewusster Konsument als unangenehm empfinden, das Flugzeug genommen zu haben, obwohl er auch die Möglichkeit hatte, den Zug zu nehmen.

2.4 Besondere Relevanz des Behavioral Branding im Dienstleistungsbereich

Marketingexperten sehen eine besondere Relevanz für Behavioral Branding im Kontext des Dienstleistungsmarketings und damit im Dienstleistungsbereich (Esch, 2010, S. 124 ff.; Esch/Strödter, 2012, S. 143; Burmann/Schleusener/Weers, 2005, S. 417).

Dienstleistungen unterscheiden sich fundamental von Konsumgütern: In der Literatur werden diese Dienstleistungen auf dreierlei Weise definiert: durch die Aufzählung von Beispielen (enumerativ), durch die Negativdefinitionen (in Abgrenzung zu Sachgütern) und durch die konstituierenden Merkmale (Bruhn/Meffert, 2012 S. 19). Diese Arbeit orientiert sich an der Definition konstitutiver Merkmale, die wiederum vier Definitionsansätze vorsehen (Bruhn/Meffert, 2012 S. 23 ff.):

1) Dienstleistungen sind *tätigkeitsorientiert*. Diese Definition ist sehr allgemein gehalten, da hierunter jede menschliche Tätigkeit fällt, sie eignet sich daher im Kontext dieser Arbeit nicht ausreichend dazu, „Dienstleistung" begrifflich zu fassen.

2) Dienstleistungen sind *prozessorientiert*. Bei dieser Definition steht der Leistungserstellungsprozess im Vordergrund.

3) Dienstleistungen sind *ergebnisorientiert*. Bei dieser Definition wird die Dienstleistung als Mittel zur Erreichung eines bestimmten Ergebnisses angesehen.

4) Dienstleistungen sind *potenzialorientiert*. Bei dieser Definition wird das bereitgestellte Leistungspotenzial des Leistungsgebers in den Mittelpunkt gestellt.

Dienstleistungen weisen folgende konstitutive Merkmale auf (Corsten, 2001, S. 27; Meffert/Bruhn, 2009, S. 40 ff.): Die Immaterialität des Leistungsergebnisses, die Leistungsfähigkeit des Dienstleistungsanbieters und die Integration des externen Faktors.

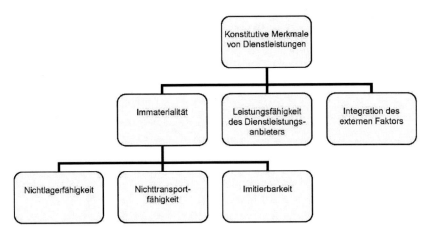

Abb. 4: Konstitutive Merkmale von Dienstleistungen
(Quelle: Eigene Darstellung)

Die **Immaterialität des Leistungsergebnisses** führt drei wesentliche Konsequenzen mit sich: Die *Nichtlagerfähigkeit,* die *Nichttransportfähigkeit,* sowie die *Imitierbarkeit.* *Nichtlagerfähigkeit* bedeutet, dass das Leistungsergebnis entfällt, wenn es im konkreten Zeitpunkt nicht erstellt (und konsumiert) wird. *Nichttransportfähigkeit* besagt, dass Leistung und Konsumption nicht räumlich getrennt werden können (= Uno-actu-Prinzip). Der Konsument muss daher zwingend zur Leistungserstellung anwesend sein. *Imitierbarkeit* bedeutet, dass Dienstleistungsprozesse leicht zu imitieren (und relativ schwer zu patentieren) sind, da der Leistungserstellungsprozess keine (bzw. nur wenige) physische Ressourcen erfordert. Die Immaterialität der Dienstleistung erschwert die Beurteilung derselbigen durch den Konsumenten, der nach physischen Qualitätssurrogaten sucht, daher wird die Prozesswahrnehmung vom Konsumenten als Qualitätssurrogat herangezogen (= auch das Agieren des Mitarbeiters). Das Auftreten und Verhalten des Mitarbeiters ist daher ein wesentlicher Indikator der Dienstleistungsqualität und unterstreicht die besondere Relevanz des Behavioral Branding im Dienstleistungssektor. Ein weiteres konstitutives Merkmal von Dienstleistungen ist die **Leistungsfähigkeit des Dienstleistungsanbieters**, womit das Potenzial des Leistungserbringers gemeint ist. Dieses Merkmal spielt im Hinblick auf das Behavioral Branding zwar im Vergleich zum erstgenannten Merkmal eine untergeordnete Rolle, ist dennoch relevant, da der Mitarbeiter dem Konsumenten die Leistungsfähigkeit des Unternehmens bzw. der Marke kontextbezogen kommunizieren können muss. Kontextbezogen bedeutet hier, dass der Mitarbeiter die für den Kunden relevanten Merkmalseigenschaften der Markenpersönlichkeit hervorheben kann. Für diese Dimension ist das Behavioral Branding also insofern relevant, als dass es für den Mitarbeiter gilt, die mit der Markenidentität verbundenen Markenpersönlichkeitsmerkmale sowohl durch verbale als auch durch nonverbale Kommunikation (= Auftreten, Verhalten) zum Ausdruck zu bringen.

Wie bereits erwähnt, muss der Konsument bei der (Dienst-)Leistungserstellung anwesend sein, was mit „**Integration des externen Faktors**" umschrieben wird. Die Anwesenheit des Konsumenten hat drei wesentliche Konsequenzen: Erstens lässt sie dem Leistungserstellungsprozess eine besondere Bedeutung zukommen. Zweitens wird eine Standardisierung von (Dienst-)Leistungserstellungsabläufen umso schwieriger, je mehr der externe Faktor, der Konsument, integriert werden muss; dies liegt daran, dass sich der Mitarbeiter flexibel auf die Bedürfnisse und Erwartungen des Konsumenten einlassen muss. Drittens ist die Intensität der Integration des externen Faktors wesentlich: Je nach Intensität, in welcher der externe Faktor (Konsument) integriert wird, beschränkt dessen „Beschaffenheit" gegebenenfalls die Leistungsfähigkeit des Dienstleistungsanbieters (= dessen Potenzial). Dies macht ein Beispiel deutlich: Ein Friseur ist mit großer Wahrscheinlichkeit nicht in der Lage, eine Frisur in gleichbleibender Qualität zu erstellen, da die Beschaffenheit der Haare seiner Kunden – ebenso wie deren Erwartungen – variieren. Hier wird deutlich, dass der Mitarbeiter im Dienstleistungsbereich im Idealfall nicht nur das Markenversprechen im Sinne der Markenidentität erfüllen muss, sondern auch auf das kundenseitige Markenimage (= in diesem Falle: Kundenerwartungen) eingehen können muss. Der kontinuierliche Mitarbeiter-Kunden-Kontakt während der Leistungserstellung ermöglicht es dem Mitarbeiter, die kundenseitige Wahrnehmung der Leistung positiv zu beeinflussen, da das Verhalten des Mitarbeiters als Indikator für seitens des Kunden relativ schwer zu beurteilende Qualität herangezogen wird. Auch hier wird die besondere Relevanz des Behavioral Branding im Dienstleistungssektor deutlich.

Die Ausführungen zeigen, dass die (positive) Bewertung einer Dienstleistung durch den Konsumenten, respektive einer Dienstleistungsmarke nicht allein von der Beschaffenheit der Leistungserstellung (= Qualität der Erfüllung des Markenversprechens) abhängt, sondern davon, wie sie der Kunde (subjektiv) wahrnimmt. Aufgabe des Mitarbeiters ist es daher, die Leistung so zu erbringen, dass der Konsument die Qualität der Leistungserbringung als optimal wahrnimmt. „Qualität" ist in diesem Kontext also relativ zu verstehen, insofern der Kunde die wahrgenommene Qualität der Leistung als hinreichend zur Befriedigung seiner Erwartung[7] ansieht (Kamiske/Brauer, 2008, S. 176).

Das Gap-Modell der Dienstleistungsqualität veranschaulicht u. a. die möglichen Lücken zwischen den Erwartungen des Konsumenten und dessen Wahrnehmung der erbrachten Leistung:

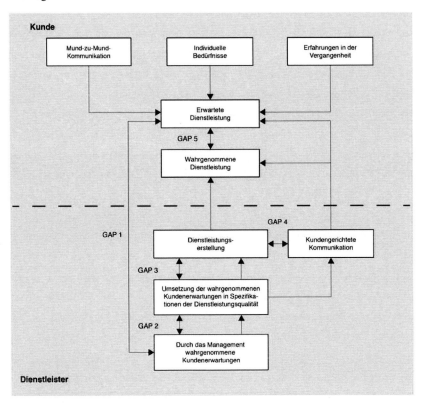

Abb. 5: Gap-Modell der Dienstleistungsqualität
(Quelle: Zeithaml, 1988, S. 44; Grafik: S. Pannes)

Das Gap-Modell geht von der Existenz von fünf Lücken aus, wobei die entscheidende Lücke zwischen der erwarteten und der wahrgenommenen Dienstleistung (= Gap 5)

---

[7]   Dies entspricht der Erfüllung der an das kundenseitige Image gebundenen Erwartungen.

besteht. Diese ist auf Gap 1 zurückzuführen, einer Lücke zwischen der tatsächlich vom Kunden erwarteten Leistung und der durch das Management wahrgenommenen Kundenerwartung. Gap 2 ist auf die unzureichende Spezifizierung dessen, was das Management als Kundenerwartung vermutet, zurückzuführen. Gap 3 liegt zwischen der Spezifizierung der Kundenerwartung durch das Unternehmen und der tatsächlichen Dienstleistungserstellung durch den Mitarbeiter. Gap 4 verweist auf die Möglichkeit einer Lücke zwischen der Dienstleistungserstellung und der kundengerichteten Kommunikation. Der eben schon erwähnte Gap 5 kann daher als Resultat von innerbetrieblichen (Kommunikations-)Lücken aufgefasst werden. Die kundengerichtete Kommunikation des Mitarbeiters ist ein Bestandteil des Brand Behavior und daher ein Ziel des Behavioral Branding. Behavioral Branding ist als ein geeignetes Instrument sowohl hinsichtlich des Qualitäts- als auch hinsichtlich des Erwartungsmanagements anzusehen: Die Tatsache, dass die Kunden im Dienstleistungsbereich aufgrund des Fehlens physischer Merkmale die Qualität der Leistung an dem Handeln der Mitarbeiter festmachen, erklärt, warum Behavioral Branding für den Dienstleistungsbereich von derartiger Bedeutung ist.

3 Management Control Systems als holistisches Steuerungskonzept zur Umsetzung des Behavioral Branding

Management Control Systems (MCS) sind die Maßnahmen und Verfahren, die dem Management dazu dienen, im Rahmen der Management Controls[8] sicherzustellen, dass das Verhalten der Mitarbeiter der Umsetzung von Strategien und dem Erreichen von Zielen des Unternehmens dienlich ist (Merchant/Van der Stede, 2012, S. 6; Anthony/Govindarajan, 2007, S. 5). Die Ausgestaltung eines für das Unternehmen passenden MCS leitet sich demzufolge von den Zielen des Unternehmens ab. In diesem Kapitel werden MCS vor der Frage betrachtet, inwiefern sie sich als holistisches Steuerungskonzept auch zur Umsetzung des Behavioral Branding eignen.

---

[8] Management Controls sind managementseitige Prozesse, deren Zweck darin besteht, zu gewährleisten, dass sich die Mitarbeiter gemäß der Strategien und Ziele des Unternehmens verhalten (Anthony/Govindarajan, 2012, S. 17). Sie sind von den transaktionsorientierten Task Controls abzugrenzen. Während im Falle der Management Controls das Mitarbeiterverhalten im Mittelpunkt steht, fokussieren sich die Task Controls auf die Tätigkeit (= Leistungserstellungsprozess und -ergebnis) hinsichtlich des Effektivitäts- und Effizienzkriteriums: Es gilt, die richtigen Dinge richtig zu tun (Anthony/Govindarajan, 2007, S. 11 f).

3.1 Ausgangspunkt der Management Control Systems: Lücke zwischen Vision und Realität

Ausgangspunkt der Management Control Systems ist die Lücke zwischen einerseits der Vision des Unternehmens, die mit der Frage „What is desired?" gefasst werden kann und auf die vom Unternehmen gewünschten Strategien und zu erreichenden Ziele verweist sowie andererseits der Realität, die mit der Frage „What is likely to happen?" gefasst werden kann und auf das tatsächliche oder tatsächlich zu erwartende Mitarbeiterverhalten verweist. Die sich hier ergebende Lücke gilt es, im Rahmen der Management Controls mithilfe der Management Control Systems zu überbrücken (Merchant/Van der Stede, 2012, S. 9).

Die Management Controls adressieren Probleme beim Mitarbeiterverhalten, für die folgende Ursachen als Ausgangspunkt genannt werden können (Merchant/Van der Stede, 2012, S. 10): Lack of Direction, Motivational Problems und Personal Limitations. Bei einem *Lack of Direction* fehlt dem Mitarbeiter das Wissen um das vom Management gewünschte Leistungsergebnis. Aufgabe des Managements ist es daher, dem Mitarbeiter in verständlicher Weise zu kommunizieren, was von ihm erwartet wird.

Verfügt der Mitarbeiter über das Wissen, das von ihm erwartet wird und zeigt dennoch nicht das hierfür erforderliche Verhalten, kann davon ausgegangen werden, dass *Motivational Problems* vorliegen. Ausgehend von der Prämisse, dass Menschen selbstinteressiert sind und dementsprechend handeln, treten Motivational Problems dann auf, wenn keine Kongruenz zwischen den Individualinteressen des Mitarbeiters und den Interessen des Unternehmens besteht: Der Mitarbeiter handelt nur dann im Interesse des Unternehmens, wenn er dadurch seine eigenen Interessen befriedigt. Aufgabe des Managements ist es daher, geeignete Kontextfaktoren (= Anreize) zu schaffen, die den Mitarbeiter dazu bewegen, im Sinne des Unternehmens zu handeln.

Eine weitere Ursache für das Ausbleiben des gewünschten Mitarbeiterverhaltens kann auch in der Person des Mitarbeiters selbst begründet sein, so zum Beispiel im Mangel an Erfahrung, Übung oder Fachwissen, derartige persönliche Einschränkungen werden als *Personal Limitations* bezeichnet. Das Management kann in einem solchen Fall die Mitarbeiter durch geeignete Trainingsmaßnahmen fördern. Personal Limitations können jedoch nicht immer vollkommen eliminiert werden.

Für die Konzeption von MCS ist es wesentlich, von den o. g. möglichen Management-Control-Problemen ausgehend ein Steuerungskonzept zu entwickeln, welches dazu angelegt ist, diese Probleme zu vermeiden.

3.2 Raison d´être des Einsatzes von Management Control Systems

Ziel und Zweck des Einsatzes von MCS ist es, die Lücke zwischen der Vision – also dem, was auf Unternehmensseite vom Mitarbeiter als Verhalten gewünscht ist – und der Realität – also dem, wie sich das Mitarbeiterverhalten tatsächlich ausgestaltet – zu schließen. Um dies zu erreichen, bedarf es des Einsatzes diverser Steuerungsmaßnahmen im Rahmen der Managements Controls – und somit des Einsatzes von Management Control Systems. Die Zusammenstellung der Steuerungsmaßnahmen zu einem Management Control System orientiert sich an dem Feld, in dem das Unternehmen tätig ist. Management Control Systems können daher bildlich als Werkzeugkasten veranschaulicht werden, in den einzelne Werkzeuge „gepackt" werden. Dieses Set an Werkzeugen muss speziell für jedes einzelne Unternehmen zusammengestellt werden. Bei der Zusammenstellung im Dienstleistungsbereich ist bei der Auswahl der passenden Werkzeuge zum Beispiel die Art des Leistungserstellungsprozesses zu berücksichtigen.

Im Kontext dieser Arbeit entspricht die Vision des Unternehmens der Umsetzung des Markenversprechens/der Markenidentität durch den Mitarbeiter im Kundenkontakt (ggf. darüber hinaus sogar der Umsetzung des kundenseitigen Markenimages). Vor diesem Hintergrund gilt es also zu fragen, ob eine der drei Arten von Ursachen für die Probleme beim Mitarbeiterverhalten vorliegen könnte und mithin eine Lücke zwischen der Vision und der Realität besteht:

Im Hinblick auf einen möglichen Lack of Direction sollte ganz grundsätzlich die Frage gestellt werden, ob sich die Mitarbeiter tatsächlich im Sinne des Markenversprechens verhalten. Wichtig ist auch die Beantwortung der Frage, ob die Mitarbeiter wissen und verstehen, was von ihnen im Sinne des Markenversprechens erwartet wird. Im Hinblick auf einen möglichen Lack of Motivation sollte die Frage gestellt werden, ob sich die Mitarbeiter darum bemühen, sich im Sinne des Markenversprechens zu verhalten. Im Hinblick auf mögliche Personal Limitation sollte die Frage gestellt werden, ob der einzelne Mitarbeiter dazu befähigt ist, das Markenversprechen umzusetzen.

Um ein geeignetes Management Control System erstellen zu können, welches die genannten Probleme sinnvoll adressiert, ist es notwendig zu prüfen, welche Management Controls (bzw. welche Maßnahmen der verschiedenen Management-Controls-Arten) sich dafür eignen, erstens den Mitarbeiter zu markenkonformem Verhalten anzuhalten, zweitens ihm zu verdeutlichen, was von ihm im Sinne des Markenversprechens erwartet wird, drittens ihn zu motivieren, sich markenkonform zu verhalten und schließlich viertens ihn zu befähigen, sich markenkonform zu verhalten.

Im folgenden Kapitel werden nun zunächst die vier Arten von Management Controls vorgestellt. In Kapitel 3.4 werden diese Management Controls dann vor dem Hintergrund der hier gestellten Fragen betrachtet.

3.3 Vier Arten von Management Controls

Im Rahmen der Management Controls lassen sich – in Anlehnung an Merchant und Van der Stede (2012, S. 40; S. 95 f.) – vier Arten von Management Controls unterscheiden[9]: *Action Controls, Results Controls*, sowie *Personnel* und *Cultural Controls*.

Action Controls sollen gewährleisten, dass die Mitarbeiter bestimmte Handlungen im Sinne des Unternehmens ausführen, sie können als die direkteste Form der Management Controls verstanden werden, da hier die konkreten Handlungen (der Mitarbeiter) selbst im Fokus der Steuerung stehen (Merchant/Van der Stede, 2012, S. 81). Action Controls sind als Gebote für den Mitarbeiter zu verstehen, bestimmte Handlungen in einer spezifischen Situation auszuführen. Zu unterscheiden sind vier Formen der Action Controls, namentlich die *Behavioral Constraints, Preaction Reviews, Action Accountability* und *Redundancy* (Merchant/Van der Stede, 2012, S. 81).

---

[9] Die von Merchant und Van der Stede postulierten vier Arten sind nur eine Möglichkeit, Management Controls zu klassifizieren. Malmi und Brown (2008, S. 291) gehen von fünf Arten der Management Controls aus (= *Cultural Controls, Planning, Cybernetic Controls, Reward and Compensation* und *Administrative Controls*). Diese Arbeit bezieht sich jedoch auf die Klassifikation von Merchant und Van der Stede.

Behavioral Constraints sind als negative Action Controls im Sinne eines Verbots[10] zu verstehen, insofern sie es dem Mitarbeiter erschweren oder gar unmöglich machen, bestimmte Handlungen auszuführen. Hier gibt es drei Unterformen: *Physical Constraints*, *Administrative Constraints* und *Separation of Duties*. *Physical Constraints* sind (Zugangs-)Beschränkungen des Mitarbeiters, z. B. mittels Passwörtern oder Zutrittsverboten für bestimmte Bereiche des Unternehmens. *Administrative Constraints* beziehen sich auf die Einschränkung von Entscheidungsbefugnissen von Mitarbeitern, z. B. durch die Festlegung einer maximalen Wertbetragshöhe, bis zu welcher der Mitarbeiter frei über Investitionen entscheiden darf, ohne seinen Vorgesetzten einschalten zu müssen. Bei *Separation of Duties* besteht die Einschränkung des Mitarbeiters darin, dass mindestens zwei Akteure (= Mitarbeiter) an einer spezifischen Aufgabenausführung beteiligt sein müssen, was dem einzelnen Mitarbeiter erschwert, allein eine unerwünschte Handlung auszuführen. Ein Beispiel hierfür ist die Buchung von Schecks durch den einen Mitarbeiter und deren Einlösung durch einen anderen Mitarbeiter (Merchant/Van der Stede, 2012, S. 81 f.).

Bei der zweiten Form der Action Controls, den ***Preaction Reviews***, werden die vom Mitarbeiter angedachten Handlungen vor der Umsetzung geprüft. Auf diese Weise können die angedachten Handlungen im Sinne des Unternehmens modifiziert und optimiert werden (Merchant/Van der Stede, 2012, S. 83). Ein Beispiel für diese Form der Action Controls ist die Vorgehensweise bei Planungsprozessen oder bei der Budgeterstellung, bei der meistens mehrere Überprüfungen zwischengeschaltet werden, bis der Plan oder das Budget in der „endgültigen" Fassung vorliegt (Merchant/Van der Stede, 2012, S. 83). Bei der dritten Form der Action Controls, der ***Action Accountability***, müssen sich die Mitarbeiter für ihre Handlungen verantwortlich zeichnen. Voraussetzung für die Implementierung der Action Accountability ist daher die klare Festlegung dessen, was durch das Unternehmen akzeptiert/gewünscht wird (und was nicht), die deutliche Kommunikation dessen an die Mitarbeiter und die Beobachtung der Mitarbeiterhandlung, um dieses letztlich belohnen oder bestrafen zu können (Merchant/Van der Stede,

---

[10] Verbot wird hier als Sonderform des Gebots verstanden, d. h. das Gebot, etwas nicht zu tun.

2012, S. 83).[11] Die Kommunikation darüber, welche Handlungen im Verantwortungsbereich des Mitarbeiters liegen, kann auf administrative (z. B. durch schriftliche Verfahrensvorgaben) und/oder soziale Weise (z. B. durch Gespräche) geschehen (Merchant/Van der Stede, 2012, S. 83).

Bei der vierten Form der Action Controls, der *Redundancy*, werden einer Aufgabe mehr Mitarbeiter (und/oder Equipment) zugeordnet als zwingend notwendig: Hierdurch erhöht sich die Wahrscheinlichkeit, dass die Aufgabe im vom Unternehmen gewünschten Maße ausgeführt wird (Merchant/Van der Stede, 2012, S. 84).

Results Controls sind nach Merchant und Van der Stede (2012, S. 40) die zweite Art Management Controls. Im Falle der Results Controls werden Anreize (Incentives) an die Erreichung vorab definierter Ziele gekoppelt (Merchant/Van der Stede, 2012, S. 29). Neben der klassischen Pay-for-Performance können auch non-monetäre Anreize gesetzt werden, wie Arbeitsplatzsicherheit, Beförderungen, Autonomie, Vergabe begehrter Aufträge und einfache Anerkennung der Leistung. Wie bei den Action Controls wird durch den Einsatz von Results Controls eine Beeinflussung des Mitarbeiterverhaltens bezweckt, wobei jedoch nicht die ergriffenen Handlungen im Mittelpunkt stehen, sondern deren Konsequenz (= Resultat):

> „Results Controls influence actions or decisions because they cause employees to be concerned about the consequences of their actions or decisions. The organization does not dictate to employees what actions or decisions they should take; instead employees are empowered to take those actions or decisions they believe will best produce the results desired." (Merchant/Van der Stede, 2012, S. 30).

Die im Rahmen der Results Controls bereitgestellten Incentives sollen für den Mitarbeiter ein Anreiz sein, eigene Potenziale zu entdecken und Talente zu entwickeln (Merchant/Van der Stede, S. 30).

Wie die gewünschten Handlungen im Falle der Action Controls, müssen die gewünschten Resultate im Falle der Results Controls klar definiert sein. Zudem müssen sie messbar und durch den Mitarbeiter beeinflussbar sein[12] (Merchant/Van der Stede, 2012, S. 30). Merchant und Van der Stede (2012, S. 30) verweisen in diesem Kontext darauf, dass Results Controls vor allem bei Mitarbeitern mit Entscheidungsbefugnis Anwen-

---

[11] Merchant und Van der Stede weisen darauf hin, dass Action Accountability zumeist in Verbindung mit negativen Verstärkern implementiert wird (Merchant/Van der Stede, 2012, S. 84).

[12] Dieser Sachverhalt wird auch als Controllability-Prinzip diskutiert, welches sinngemäß verlangt, dass Mitarbeiter nur für Handlungen verantwortlich gemacht werden, die in ihren Verantwortungsbereich gelegt werden sollten (Ewert/Wagenhofer, 2008, S. 336).

dung finden sollten. Die Implementierung von Results Controls umfasst die vier Schritte (Merchant/Van der Stede, 2012, S. 33): Erstens die Definition der Dimensionen/Bereiche, in denen ein Ergebnis gewünscht wird, zweitens die Performancemessung auf der Basis der definierten Dimensionen, drittens die Festlegung von Performancezielen und viertens die Bereitstellung von Belohnungen bei Zielerreichung, um ein zieladäquates Verhalten zu verstärken. Merchant und Van der Stede (2012, S. 33 f.) erklären diese Schritte wie folgt: Im ersten Schritt müssen die Dimensionen/Bereiche bestimmt werden, in denen ein Ergebnis gewünscht wird. Bei diesen Dimensionen kann es sich z. B. um Profitabilität oder um Kundenzufriedenheit etc. handeln. Die Definition der Performance-Dimensionen ist wichtig, da dies dem Mitarbeiter verdeutlicht, was dem Unternehmen wichtig ist. In dem zweiten Schritt zur Implementierung von Results Controls wird die Performance auf der Basis der definierten Dimensionen gemessen. Die Messung der Performance, an deren Ergebnis sich dann die Vergütung/Belohnung des Mitarbeiters bemisst, kann sowohl nach objektiven (finanziellen und nichtfinanziellen) Kriterien als auch nach subjektiven Kriterien (z. B. Einschätzung durch den Vorgesetzten) erfolgen. Merchant und Van der Stede (2012, S. 34) weisen darauf hin, dass finanzielle Kriterien zumeist auf hierarchisch höheren Ebenen Verwendung finden, während auf unter Ebene eher operative Dimensionen herangezogen werden. Für Manager, die auf der mittleren Organisationsebene agieren, besteht daher das Problem, dass die finanziellen Bemessungskriterien der höheren Ebenen für die Mitarbeiter der unteren Ebenen in operative Bemessungskriterien übersetzt werden müssen. In dem dritten Schritt zur Implementierung von Results Controls werden Performance-Ziele festgelegt (Merchant/Van der Stede, 2012, S. 34 f.): Diese Performance-Ziele beeinflussen das Mitarbeiterverhalten, indem den Mitarbeitern konkrete Vorgaben gemacht werden[13] und die Mitarbeiter so ihre Leistung selbst beurteilen können. Diese können sie sodann einem interpersonalen Vergleich unterziehen. In dem vierten Schritt zur Implementierung von Results Controls werden Anreize/Incentives bereitgestellt, um das Verhalten der Mitarbeiter dahin gehend zu steuern, dass die vom Unternehmen gewünschten Ergebnisse erzielt werden (Merchant und Van der Stede 2012, S. 35). Merchant und Van der Stede (2012, S. 35) sehen Anreize/Incentives als elementaren Bestandteil der Results Controls. Sie sind jedoch, wie bereits erwähnt, nicht zwangsläufig materieller

---

[13] Mitarbeiter sind tendenziell eher risikoscheu und ziehen konkrete Vorgaben vagen Aussagen vor.

Natur: „The rewards included in incentive contracts can be in the form of anything employees value, such as salary increases, bonuses, promotions, job security, job assignments, training opportunities, freedom, recognition, and power." (Merchant/Van der Stede, 2012, S. 35). Bei der Bereitstellung von Incentives erfolgt die Mitarbeiterleistung meistens aufgrund einer extrinsischen Motivation heraus. Merchant und Van der Stede (2012, S. 35) weisen jedoch darauf hin, dass die Leistung auch aufgrund von Bemessungen, die der Mitarbeiter für sich persönlich setzt, erfolgen kann (Merchant/Van der Stede, 2012, S. 35).

Personnel Controls, die dritte Art Management Controls, basieren nach Merchant und Van der Stede (2012, S. 88) auf intrapersonalen selbstregulativen Prozessen. Personnel Controls dienen drei Zwecken (Merchant/Van der Stede, 2012, S. 88): Sie helfen, die Erwartungen, die an den Mitarbeiter gestellt werden, zu klären (= Verständnis/Wissen dessen, was von ihm gefordert wird), außerdem können Personnel Controls gewährleisten, dass der Mitarbeiter über die zur Ausführung der Aufgabe benötigten Fähigkeiten, Fertigkeiten und Ressourcen verfügt und schließlich können Personnel Controls die Wahrscheinlichkeit erhöhen, dass der Mitarbeiter seine eigenen Handlungen – durch sein ganz persönliches Commitment – kritisch reflektiert. Merchant und Van der Stede (2012, S. 88) zufolge können Personnel Controls durch *Selection and Placement* von Mitarbeitern, *Training*, sowie *Job Design and Provision of necessary Resources* implementiert werden. Gegenstand von **Selection and Placement** ist die Besetzung der Arbeitsstelle mit der bestmöglichen Person, wobei versucht wird, eine möglichst hohe Passgenauigkeit zwischen den Anforderungen der Stelle und den Qualifikationen des Mitarbeiters zu erreichen[14] (Merchant/Van der Stede, 2012, S. 89). Ausgangspunkt der Einstellung für die Besetzung einer Stelle mit einem bestimmten Mitarbeiter sind dabei zumeist vergangenheitsorientierte Daten, die Auskunft über den zukünftigen beruflichen Erfolg des Mitarbeiters geben sollen (Merchant/Van der Stede, 2012, S. 88). Im Rahmen der Maßnahme **Training** werden die Mitarbeiter, oftmals im klassischen Klassenverbund, in bestimmten Bereichen geschult (Merchant/Van der Stede, 2012, S. 89). Mit der Maßnahme **Job design and provision of necessary resources** soll sichergestellt werden, dass die Arbeitsaufgabe so gestaltet und gestellt wird, dass ein motivierter und

---

[14] In diesem Kontext wird oftmals vom sogenannten Person-Organisation-Fit gesprochen, im Rahmen dessen erörtert wird, inwieweit der Bewerber zur Organisation passt (Kauffeld, 2011, S. 97).

qualifizierter Mitarbeiter diese Aufgabe mit hoher Wahrscheinlichkeit erfolgreich bewältigen kann (Merchant/Van der Stede, 2012, S. 90).

Cultural Controls, die vierte Art Management Controls, werden von Merchant und Van der Stede (2012, S. 90) als Macht des Gruppendrucks beschrieben, die sich aus geteilten Normen und Werten der Gruppemitglieder herleitet,[15] sie fußen auf der natürlichen Neigung von Menschen, sich gegenseitig zu beobachten und – damit verbunden – sich gegenseitig zu kontrollieren (Merchant/Van der Stede, 2012, S. 88). Merchant und Van der Stede (2012, S. 90) konstatieren in diesem Kontext: „Cultural controls are most effective where members of a group have social or emotional ties to one another." Sie nennen *Codes of Conduct, Group-based Rewards*[16], *Intra-organizational Transfers, Physical and Social Arrangements* und *Tone at the Top* als Maßnahmen, die im Rahmen der Cultural Controls Einsatz finden. ***Codes of Conduct*** sind formale, schriftlich festgehaltene Dokumente, in denen die basalen Werte des Unternehmens festgehalten werden (Merchant/Van der Stede, 2012, S. 91), sie sind als Eckpfeiler zu verstehen, aus denen die Mitarbeiter das situativ am besten passende Verhalten eigenverantwortlich ableiten. Codes of Conduct sind daher eher prinzipien- als regelbasiert[17] (Merchant/Van der Stede, 2012, S. 91), sie beinhalten oftmals Werte wie Integrität, Teamwork, Respekt, Innovation und Kundenorientierung (Merchant/Van der Stede, 2012, S. 91).

Group-based Rewards sind kollektive Anreize (Merchant/Van der Stede, 2012, S. 91), sie zeichnen sich dadurch aus, dass sie die Mitarbeiter veranlassen, wie Eigentümer (bzw. in deren Sinne) zu denken (Merchant/Van der Stede, 2012, S. 91): They „create a culture of `ownership´ and `engagement´ to the mutual benefit of organizations and their employees." Als Beispiele für Group-based Rewards nennen Merchant und Van der Stede (2012, S. 92) Boni, Profit-Sharing und Gain-Sharing Plans, die auf der Basis der Leistung des (gesamten) Unternehmens (bzw. derer einer kollektiven Unternehmenseinheit) gewährt werden. Group-based Rewards unterscheiden sich daher von den im Rahmen der Results Controls diskutierten Anreizen dahin gehend, dass die kollektive

---

[15] Der von Merchant und Van der Stede (2012) genommene Bezug auf Kulturdimensionen, wie sie u. a. durch Geert Hofstede postuliert werden, erfahren an dieser Stelle keine Berücksichtigung. Kultur wird in der vorliegenden Arbeit als Teil des Diversity-Managements (Kapitel 4.4) diskutiert.

[16] Die Autoren verwenden die „Group rewards" (Merchant/Van der Stede, 2012, S. 92) und „Group-based rewards" (Merchant/Van der Stede, 2012, S. 94) synonym.

[17] Merchant und Van der Stede (2012, S. 91) verweisen in ihren Ausführungen auf eine empirische Untersuchung, in dessen Stichprobe 52 % der Codes of Conduct prinzipien- und regelbasiert sind. Lediglich 13 % sind rein prinzipienbasiert und 35 % rein regelbasiert.

Performance entscheidend ist und die Möglichkeiten der individuellen Leistungsbeeinflussung entsprechend beschränkt sind (Merchant/Van der Stede, 2012, S. 92): „With group rewards, the link between individual efforts and the results is weak, or at least weakened. Thus, the motivation to achieve the rewards is not among the primary forces affected by group rewards; instead communication of expectations and mutual monitoring are." Group Rewards setzen den einzelnen Mitarbeiter unter einen gewissen Gruppendruck, Leistung zu erbringen, bieten ihm zugleich jedoch Möglichkeiten, die eigene Performance – durch kollegiale Hilfe – zu verbessern, wobei Teamwork und on-the-job-Training als Beispiele genannt werden können (Merchant/Van der Stede, 2012, S. 92). Merchant und Van der Stede (2012, S. 93) verstehen die Group Rewards als Beauftragung der Mitarbeiter, das Verhalten ihrer Kollegen zu beobachten, wessen sie mit dem Begriff „mutual monitoring", also ein gegenseitiges Beobachten aller, Ausdruck verleihen.

Mit der Maßnahme der *Intra-organizational Transfers*[18] können zwei Ziele verfolgt werden (Merchant/Van der Stede, 2012, S. 93): Zum einen kann der soziale Zusammenhalt der Mitarbeiter im (gesamten) Unternehmen gestärkt werden, so lernt ein Mitarbeiter z. B. auch Probleme außerhalb seines angestammten Bereichs kennen. Zum anderen kann verhindert werden, dass sich der Mitarbeiter zu stark an spezifische Aktivitäten oder andere Mitarbeiter bindet (was ein dysfunktionales Verhalten, z. B. Betrug, begünstigen könnte).

Physical and Social Arrangements betreffen die Architektur und das Innendesign der Firmengebäude einerseits (= Physical Arrangements) und andererseits Kleiderordnungen, institutionalisierte(s) Gepflogenheiten und Verhalten sowie das firmenspezifische Vokabular (= Social Arrangements); sie formen die Unternehmenskultur (Merchant/Van der Stede, 2012, S. 93).

Tone at the Top ist eine Methode, mit der das Management die Unternehmenskultur aktiv formen kann (Merchant/Van der Stede, 2012, S. 94). Im Wesentlichen geht es darum, dass die Führungskräfte als Verhaltensvorbild fungieren, indem sie eine Kongruenz zwischen dem, was sie sagen und dem, wie sie sich verhalten, herstellen, und zwar in Form einer „culture of integrity" (Merchant/Van der Stede, S. 94).

---

[18] Diesen Begriff verwenden Merchant und Van der Stede (2012, S. 93) synonym mit *"employee rotation"*. Im Deutschen wird in diesem Kontext auch von *„Job Rotation"* gesprochen.

3.4 Potenziale und Grenzen im Hinblick auf Management Control Systems zur Implementierung des Behavioral Branding

In Kapitel 2.4 wurde auf die besondere Relevanz des Behavioral Brandings im Dienstleistungsbereich eingegangen. Hier wurde deutlich, dass das – durch Behavioral Branding evozierte – markenkonforme Verhalten des Mitarbeiters im Sinne der Markenidentität wesentlich ist. Das markenkonforme Verhalten ist im Dienstleistungsbereich also das, was auf der Unternehmensseite vom Mitarbeiter als Verhalten gewünscht ist und entspricht daher der Vision des Unternehmens.

In Kapitel 3.2 wurde die Lücke zwischen der Vision und der Realität – also dem, wie sich das Mitarbeiterverhalten tatsächlich ausgestaltet – in Bezug auf den Dienstleistungsbereich näher gefasst. Die in Kapitel 3.3 vorgestellten Management Controls sind „Werkzeuge", die dazu dienen, die Lücke zwischen Vision und Realität zu schließen.

In diesem Kapitel wird nun diskutiert, inwieweit sich entsprechende Management Control Systems zur Implementierung von Behavioral Branding eignen.

Zu diesem Zweck werden zunächst jeweils die von Merchant und Van der Stede (2012, S. 84) definierten *Control Problems* (= Lack of Direction, Motivational Problems und Personal Limitations) in Bezug zu den einzelnen Maßnahmen, die im Rahmen der vier Arten der Management Controls vorgestellt worden sind, gesetzt (alle vorgestellten Maßnahmen adressieren mindestens eines dieser Control Problems.). Danach wird dargelegt, welche Voraussetzungen erfüllt sein müssen, um die einzelnen Management Controls erfolgreich einsetzen zu können (wo bestehen z. B. Beschränkungen?) und um beurteilen zu können, ob der Einsatz der jeweiligen Management Controls bei der Implementierung von Behavioral Branding sinnvoll ist.

Im Rahmen der *Action Controls* wurden als Maßnahmen *Behavioral Constraints*, *Preaction Reviews*, *Action Accountability* und *Redundancy* vorgestellt. *Behavioral Constraints* adressieren vorrangig Motivational Problems, *Preaction Reviews* sowie *Action Accountability* adressieren alle drei Control Problems und *Redundancy* adressiert Motivational Problems sowie Personal Limitations (Merchant/Van der Stede, 2012, S. 84). Eine Übersicht über die verschiedenen Maßnahmen im Rahmen der Action Controls und der durch sie adressierten Control Problems gibt Tabelle 1:

	Control problem		
Type of action control	*Lack of direction*	*Motivational problems*	*Personal limitations*
Behavioral constraints		X	
Preaction reviews	X	X	X
Action accountability	X	X	X
Redundancy		X	X

Tab. 1: Control Problems adressed by each of the action control types
(Quelle: Merchant/Van der Stede, 2012, S. 85)[19]

Action Controls können nicht in jedem Kontext eingesetzt werden, sondern nur dort, wo durch das Unternehmen klar definiert werden kann, welche Handlungen vom Mitarbeiter gewünscht werden, außerdem muss das Unternehmen den Rahmen dafür bereitstellen, dass diese Handlungen auch tatsächlich ausgeführt werden können (Merchant/Van der Stede, 2012, S. 86). Aufgrund dessen ergeben sich folgende Schwierigkeiten und Grenzen beim Einsatz von Action Controls (Merchant/Van der Stede, 2012, S. 86): Für das Unternehmen bzw. den Manager ist es oftmals schwierig, klar zu definieren, welche Handlung von den Mitarbeitern in einer spezifischen Situation denn wünschenswert wäre. Zur Definition dessen bieten sich zwei Möglichkeiten an (Merchant/Van der Stede, 2012, S. 86): Zum einen das Erfahrungslernen, welches beinhaltet, dass die Verhaltensmuster von den Mitarbeitern in der spezifischen Situation über einen bestimmten Zeitraum beobachtet und analysiert werden; zum anderen die Inanspruchnahme von externem Wissen, z. B. von Unternehmensberatungen. Aber selbst wenn Klarheit über die gewünschte Handlung besteht, liegt eine weitere Schwierigkeit darin, dass kontrollierbar sein muss, ob diese Handlung auch tatsächlich ergriffen wird (Merchant/Van der Stede, 2012, S. 86). Der Aspekt der Kontrollierbarkeit hat bei den verschiedenen Formen der Action Controls unterschiedliche Ausprägungen: So ist die Wirkung von Verhaltensbeschränkungen z. B. abhängig von der Art und Weise, wie Verwaltungsabläufe innerhalb des Unternehmens gestaltet sind. *Behavioral Constraints* und *Preaction Reviews* scheitern oftmals an ineffektiven Vorgehensweisen und Prozessabläufen, an ineffektiven internen Kontrollen oder gar daran, dass diese durch das Management

---

[19] Diese und die zwei folgenden Tabellen wurden original übernommen, d. h., dass von einer „deutschen" Schreibweise („Lack of Direction" statt „Lack of direction") Abstand genommen wurde.

schlichtweg außer Acht gelassen werden[20] (Merchant/Van der Stede, 2012, S. 86 f.). Für den erfolgreichen Einsatz von Action Controls besteht daher die Notwendigkeit, die Handlungen der Mitarbeiter zu verfolgen (Merchant/Van der Stede, 2012, S. 87). Der Erfolg dieser Handlungskontrolle kann anhand von vier Qualitätskriterien bemessen werden, diese sind: *Precision, Objectivity, Timeliness* und *Understandability*: **Precision** ist notwendig, um die Handlung des Mitarbeiters genau erfassen zu können und unterscheiden zu können, was an der ausgeführten Handlung gut und was daran schlecht war; bei Ungenauigkeit ist die konkret ergriffene Mitarbeiterhandlung nicht klar bestimmbar, sodass nur unzureichend interveniert werden kann (Merchant/Van der Stede, 2012, S. 87). Das Qualitätskriterium **Objectivity** im Sinne von Vorurteilsfreiheit und Unvoreingenommenheit muss vorhanden sein, damit gewährleistet ist, dass seitens des Beurteilenden kein persönliches Interesse am Ergebnis der Handlungskontrolle besteht, wie es beispielsweise bei einer eigenen Beurteilung der Fall wäre (Merchant/Van der Stede, 2012, S. 87 f.). Das Qualitätskriterium *Timeliness* muss gewährleistet sein, damit eventuell notwendige Interventionen zeitnah eingeleitet werden können (Merchant/Van der Stede, 2012, S. 88). Das Qualitätskriterium *Understandability*, z. B. einer Vorschrift, muss vorhanden sein, damit sich der Mitarbeiter auch daran halten kann. Der Mitarbeiter kann schließlich nur dann Verantwortung für seine Handlungen tragen, wenn er verstanden hat, worauf es ankommt. Die Steuerungsfähigkeit von Action Controls ist eingeschränkt, wenn eines dieser Qualitätskriterien nicht zutrifft. Möglicherweise wird deshalb das mittels der Action Controls angestrebte Ziel (= gewünschte Mitarbeiterhandlung) nicht erreicht (Merchant/Van der Stede, 2012, S. 88).

Zur Implementierung von Behavioral Branding im Dienstleistungsbereich eignen sich Action Controls also nur dann, wenn alle drei der oben genannten Qualitätskriterien erfüllt werden können.

---

[20] Diesen Umstand bezeichnen Merchant und Van der Stede (2012, S. 87) als "management override".

Im Rahmen der *Results Controls* wurde als Maßnahme beispielhaft die Pay-for-Performance vorgestellt. Hierbei werden die Mitarbeiter für gute Ergebnisse belohnt (Merchant/Van der Stede, 2012, S. 29). Die Anreize können monetärer und nicht-monetärer Natur (wie Arbeitsplatzsicherheit, Beförderungen, Autonomie, Vergabe begehrter Aufträge, einfache Anerkennung der Leistung) sein (Merchant/Van der Stede, 2012, S. 29). Results Controls adressieren die Control Problems (Lack of Direction, Motivational Problems und Personal Limitations) folgendermaßen (Merchant/Van der Stede, 2012, S. 32): Sind die Results Controls gut ausgestaltet, haben sie einen informativen Charakter (= Mitarbeiter weiß, was von ihm erwartet wird). Der Mitarbeiter wird bestrebt sein, das gewünschte Verhalten zu zeigen; insofern wird der Lack of Direction adressiert. Der Anreiz kann (und sollte) als motivierend empfunden werden, insofern werden auch Motivational Problems adressiert; dies gilt umso mehr, wenn es sich um die eigene Belohnung des Mitarbeiters handelt. Da Results Controls denjenigen Belohnungen versprechen, die gut performen, dürften sie dem Unternehmen dienlich sein, geeignete Mitarbeiter zu finden; somit adressieren Results Controls auch das Problem der Personal Limitations. Damit adressieren Results Controls (potenziell) alle Control Problems. Results Controls sind zwar eine wichtige Management Control Art, jedoch können sie nicht in jedem Kontext effektiv genutzt werden. Die erfolgreiche Implementierung von Results Controls setzt drei Bedingungen voraus (Merchant/Van der Stede, 2012, S. 36 ff.): Das Unternehmen muss bestimmen können, welche Ergebnisse in den verschiedenen Kontrollbereichen gewünscht sind (= *Knowledge of desired Results*), die Mitarbeiter müssen die Möglichkeit haben, die Ergebnisse, für die sie verantwortlich sind, maßgeblich zu beeinflussen (= *Ability to influence desired Results/Controllability*) und schließlich muss für die Unternehmen die Möglichkeit bestehen, kontrollierbare Ergebnisse effektiv messen zu können (= *Ability to measure controllable Results effectively*). Letzteres setzt voraus, dass Ergebnismessungen folgende fünf Qualitätskriterien aufweisen (Merchant/Van der Stede, 2012, S. 38 f.): *Precision*, womit die Genauigkeit der Messung der Ergebnisse[21] gemeint ist; *Objectivity*, womit gemeint ist, dass die Messung

---

[21] Da nicht genau gemessen werden kann, sollte der wahre Wert möglichst präzise bestimmt werden.

nach Möglichkeit nicht von subjektiv falschen Einschätzungen[22] beeinflusst sein darf; *Timeliness*, womit der zeitliche Abstand zwischen dem Zeitpunkt der Messung und der Erhalt der Belohnung (bzw. Bestrafung) gemeint ist; *Understandability*, womit gemeint ist, dass die Mitarbeiter wissen müssen, wofür sie zur Verantwortung gezogen werden und schließlich *Cost effiency*, womit gemeint ist, dass der Nutzen der Messung die mit der Messung verbundenen Kosten übersteigt.[23] Zur Implementierung von Behavioral Branding im Dienstleistungsbereich eignen sich Results Controls also nur dann, wenn die drei oben genannten Qualitätskriterien und zusätzlich das Kosten-Nutzen-Kriterium erfüllt werden können.

Im Rahmen der **Personnel Controls** wurden die Maßnahmen *Selection and Placement, Training* und *Job Design and Provision of necessary Resources* vorgestellt. *Selection and Placement* adressiert alle drei Control Problems, *Training* adressiert den Lack of Direction sowie Personal Limitations und *Job Design and Provision of necessary Resources* adressiert Personal Limitations (Merchant/Van der Stede, 2012, S. 94). Tabelle 2 gibt eine Übersicht über die Ausführungen zu den einzelnen Maßnahmen im Rahmen der Personnel Controls:

	Lack of direction	Motivational problems	Personal limitations
Ways of effecting personnel controls			
Selection and placement	X	X	X
Training	X		X
Job design and provision of necessary resources			X

Tab. 2: Control Problems adressed by the various ways of effecting personnel [...] controls
(Quelle: Eigene Darstellung in Anlehnung an Merchant/Van der Stede, 2012, S. 94)

Das Potenzial der Personnel Controls liegt in dem Umstand begründet, dass andere Control-Formen nur unzureichend auf den spezifischen Mitarbeiter einwirken können. Daher gilt es im Rahmen des Selection and Placement, die Mitarbeiter zu finden, die motiviert und gewillt sind, im Rahmen der Unternehmung zu agieren. Auch bedarf das Training einer gewissen Lernbereitschaft, Job Design and Provision of necessary Re-

---

[22] Durch so genannte Bias, d. h. persönliche Dispositionen, die die Wahrnehmung beeinflussen, kann das wahrgenommene Ergebnis vom tatsächlichen Ergebnis abweichen.

[23] Die ersten vier der insgesamt fünf Qualitätskriterien für die Messung von Results Controls sind gleichermaßen für Action Controls von Bedeutung.

sources kann dann sinnvoll umgesetzt werden, wenn der Mitarbeiter seine spezifischen Ansprüche kommuniziert und diese Ressourcen, die ihm zur Verfügung gestellt werden, eigenverantwortlich nutzt.

Zur Implementierung von Behavioral Branding im Dienstleistungsbereich eignen sich Personnel Controls dann, wenn der Mitarbeiter über einen gewissen Grad der Selbststeuerung und -motivation verfügt (Merchant/Van der Stede, 2012, S. 95). Ist dies der Fall, sind Personal Controls Action und Results Controls überlegen (Merchant/Van der Stede, 2012, S. 95).[24]

Im Rahmen der **Cultural Controls** wurden die Maßnahmen *Codes of Conduct, Group-based Rewards, Intraorganizational Transfers* und *Physical and Social Arrangements* vorgestellt. *Codes of Conduct* adressieren den Lack of Direction und Personal Limitations. *Group-based Rewards* adressieren alle drei Control Problems. *Physical Arrangements*[25] adressieren Personal Limitations. *Tone at the Top* adressiert den Lack of Direction.[26] Tabelle 3 gibt eine Übersicht über die Ausführungen zu den einzelnen Maßnahmen im Rahmen der Cultural Controls:

Ways of effecting cultural controls			
Codes of conduct	X		X
Group-based rewards	X	X	X
Intraorganizational transfers	X		X
Physical arrangements			X
Tone at the top	X		

Tab. 3: Control Problems adressed by the various ways of effecting [...] cultural controls
(Quelle: Eigene Darstellung in Anlehnung an Merchant/Van der Stede, 2012, S. 94)

---

[24] Merchant und Van der Stede (2012, S. 95) merken jedoch an, dass die Effektivität von Personnel Controls in Abhängigkeit von den Persönlichkeitsstrukturen der einzelnen Mitarbeiter stark divergieren kann.

[25] Auf Social Arrangements gehen Merchant und Van der Stede (2012, S. 94) nicht ein, es ist jedoch zu vermuten, dass diese (zumindest) – neben Personal Limitations – auch Motivational Problems adressieren. So kann bspw. die Kleiderordnung (= Uniform) dazu führen, dass sich der Mitarbeiter als Botschafter der Marke fühlt und infolgedessen seine Motivation positiv beeinflusst wird.

[26] Es ist jedoch auch davon auszugehen, dass Tone at the Top ebenso Motivational Problems adressiert, beispielhaft sei hier auf die motivierenden Einflüsse einer charismatischen Führungskraft verwiesen (Oliver, 2010, S. 79 f.).

Das Potenzial der Cultural Controls liegt darin begründet, dass sie nicht (zwangsläufig) als Controls wahrgenommen werden, sondern derart internalisiert werden, dass der Mitarbeiter über seine Handlungen nicht einmal mehr nachdenkt (Merchant/Van der Stede, 2012, S. 95). Stark verfestigte Unternehmenskulturen haben jedoch den Nachteil, dass ein notwendiger Change oftmals nur schwer durchsetzbar ist (Merchant/Van der Stede, 2012, S. 95).[27]

Zur Implementierung von Behavioral Branding im Dienstleistungsbereich eignen sich Cultural Controls dann, wenn das Unternehmen über eine distinktiv starke Unternehmenskultur verfügt (Merchant/Van der Stede, 2012, S. 95).

Zusammenfassend kann festgehalten werden: Im Rahmen der Management Controls geht es darum, die Mitarbeiter dazu anzuhalten, sich zum „Wohle" des Unternehmens zu verhalten. Hierzu gilt es, die Control Problems, also die Probleme, die diesem Handeln im Wege stehen, zu adressieren. Im Rahmen des Behavioral Branding geht es darum, ein markenkonformes Verhalten (= Brand Behavior) zu evozieren. Die hierfür erforderlichen Voraussetzungen der Mitarbeiter werden im Rahmen des Brand Behavior Funnels analysiert.

Zwischen den Control Problems (= Lack of Direction, Motivational Problems, Personal Limitations) und den im Rahmen des Brand Behavior Funnels vorgestellten Ausprägungen der Mitarbeiterdispositionen (= Wissen, Commitment, Fähigkeiten, Verhalten) können Analogien gezogen werden: Lack of Direction kann mit Wissen gleichgestellt werden. Der Lack of Direction erfordert eine Intervention des Vorgesetzten, die so gestaltet ist, dass der Mitarbeiter daraufhin weiß, was er tun muss, um die ihm gestellte Arbeitsaufgabe zum „Wohle" des Unternehmens zu erfüllen. Zur Implementierung von Behavioral Branding muss der Mitarbeiter Markenwissen erworben haben, um sich markenkonform verhalten zu können. Wenn dieses Wissen vorhanden ist, muss zudem auch die Bereitschaft dazu vorliegen, dieses Wissen zu nutzen. Ist diese Bereitschaft nicht gegeben, liegen Motivational Problems vor, im Kontext des Behavioral Brandings gesprochen wäre von einem unzureichenden (bzw. fehlenden) Commitment auszugehen. Liegen keine *Lack of Direction* und keine Motivational Problems vor, (= der Mitarbeiter verfügt über das nötige Wissen, um Behavioral Branding umzusetzen und emp-

---

[27] Vgl. hierzu die Ausführungen zum „Not-inveted-here"-Phänomen bei Eickhoff (2003, S. 92).

findet gegenüber der Marke ein Commitment) gibt es einen weiteren Faktor, der die Umsetzung des Behavioral Branding verhindern kann: Personal Limitations, diese implizieren, dass der Mitarbeiter nicht über die möglichen Fähigkeiten verfügt, um sich markenkonform zu verhalten. Wenn der Mitarbeiter nun aber über ein ausreichendes Wissen über die Marke verfügt, er sich ihr committed fühlt und die notwendigen Fähigkeiten aufweist, kann davon ausgegangen werden, dass er ein markenkonformes Verhalten, d. h. Brand Behavior, zeigt.

Diese dargelegten Analogien zeigen, dass Management Controls generell zur Implementierung von Behavioral Branding geeignet sind, da sie genau die Probleme adressieren, die hierfür überwunden werden müssen.

Welche Maßnahmen sich allerdings im Einzelnen bei ausgewählten Unternehmen zur Implementierung von Behavioral Branding eignen, wird im folgenden Kapitel diskutiert.

4 Markenversprechen, Behavioral Branding und Management Control Systems in ausgewählten Unternehmen

Wie bereits dargelegt, unterscheidet sich das Markenversprechen von Marke zu Marke und mit ihm das sich hieraus ableitende Behavioral Branding. Entsprechend, so könnte man meinen, unterscheiden sich die Management Control Systems, die zur Implementierung des Behavioral Branding eingesetzt werden.[28] Im Folgenden wird anhand von drei im schienengebundenen Personenverkehr tätigen Dienstleistungsunternehmen, *iDTGV*®, *TGV Lyria*® und *Thalys*®, der Frage nachgegangen, welche Management Control Systems nun eingesetzt werden sollten, um eine erfolgreiche Implementierung des Behavioral Brandings in diesen Unternehmen zu gewährleisten.

4.1 Vorstellung der Unternehmen sowie deren Markenversprechen: *iDTGV*®, *TGV Lyria*® und *Thalys*®

Im Folgenden sollen die im schienengebundenen Personenfernverkehr tätigen Dienstleistungsunternehmungsmarken *iDTGV*®, *TGV Lyria*® und *Thalys*® sowie deren Markenversprechen vorgestellt werden. Alle drei Unternehmen gehören der französischen *SNCF*®-Gruppe an und werden als Tochtergesellschaften geführt, sie operieren, wie im Folgenden zu zeigen ist, in Umfeldern, die spezifische Herausforderungen an die Mitarbeiter und deren Verhalten stellen.

Zur Erfassung des Markenversprechens und der damit verbundenen Markenidentität wird für jedes Unternehmen eine Analyse mittels des modifizierten Markensteuerrades von Esch durchgeführt (Esch, 2010, S. 101 ff.)[29]. Dies ist im Hinblick auf die Ausgestaltung des Behavioral Branding wichtig, bei dem es darum geht, das Mitarbeiterverhalten im Sinne der Markenidentität zur Erfüllung des Markenversprechens zu fördern.

---

[28] Management Control Systems berücksichtigen im Rahmen der exogenen Kontextfaktoren u. a. Branchenspezifika.
[29] Siehe hierzu auch Kapitel 2.1

Bei dem *iDTGV*® handelt es sich um eine Line-Extension, d. h. um eine Entwicklung aus der bereits bestehenden Marke *TGV*®: Der Name *TGV*® impliziert zugleich das Markenversprechen der Marke: „*Train à grande vitesse*".[30] Mit der Einführung des *iDTGV*® 2004 wurde das Markenversprechen des *TGV*® durch das zusätzliche Marken-versprechen *interactivité* (= Interaktivität) und *Détente* (= Entspannung) erweitert. Ge-fasst wird dieses Markenversprechen in dem Claim „*Choisissez avec qui vous voya-gez*".[31]

Der Mehrwert, den der mit *TGV*® *Duplex*[32]-Garnituren betriebene *iDTGV*® im Vergleich zu dem üblichen Zwei-Komfortklassen-System[33] aufweist, ist folgender: Sowohl in der ersten als auch in der zweiten Klasse hat der Fahrgast die Wahl, ob er die Reise im Ru-hebereich *iDzen*®, in dessen Mittelpunkt die *Détente* (= Entspannung) steht, oder im aktionsorientierten Bereich *iDzap*®, in dessen Mittelpunkt die *interactivité* (= Interakti-vität) steht, verbringen möchte. Die Zugbar *iDzinc*®[34] dient u. a. dem Verkauf von Spei-sen und Getränken sowie dem Verleih von DVD-Playern, sie bietet zudem Raum für die regelmäßig an Bord abgehaltenen Events. Mit dem *iDTGV*® versucht die *SNCF*®, sich gegenüber der – durch die Low Cost Carrier verschärften – intermodalen[35] Konkurrenz zu behaupten (iDTGV, 2012, S. 3). Mittels des *iDTGV*® wird das Produktportfolio der *SNCF*® stärker an die individuellen Konsumentenbedürfnisse angepasst (= customized), dem Leitmotiv folgend „*remettre le voyageur au cœur de l'offre et viser la satisfaction client*"[36] (iDTGV, 2012, S. 3). Möglich wird diese Anpassung der Leistung durch das klare Bild des *iDTGV*®-Konsumenten:

> « Les voyageurs iDTGV sont des internautes aguerris, d´environ 35 ans, qui pour la majorité voya-gent seuls à bord. Ils souhaitent que le train soit un lieu d´échange et de vie, et attendent qu´on leur facilite la mise en relation pour développer le social networking. » (iDTGV, 2006, S. 3).[37]

---

[30] Hochgeschwindigkeitszug

[31] „Wählen Sie, mit wem Sie Ihre Reise verbringen möchten"

[32] Duplex bezeichnet die doppelstöckigen *TGV*®-Garnituren.

[33] Gemeint ist die klassische Einteilung in erste und zweite Klasse.

[34] Die Zugbar, *iDzinc*®, ist – anders als der Name vermuten lässt – kein dritter Bereich, da hier keine (regulären) Sitzplätze vorhanden sind (= in Frankreich besteht Reservierungspflicht).

[35] Für den schienengebundenen Personenverkehr ist es üblich, zwischen dem *intra*- und dem *intermodalen* Wettbe-werb zu unterscheiden (Nießing, 2006, S. 4): Der *intramodale* Wettbewerb findet innerhalb einer Verkehrsträger-ebene (= Bahn, Flugzeug, Pkw) statt. Da die Verkehrsträgerebene Bahn durch (nationale) Bahngesellschaften Verkehrsträgerebene im jeweiligen Land dominiert wird, ist für den schienengebundenen Personenverkehr ledig-lich der *intermodale* (= zwischen den Verkehrsträgerebenen stattfindende) Wettbewerb von Relevanz.

[36] Sinngemäß: Die Perspektive des Kunden einnehmen, um so seine Zufriedenheit generieren zu können.

[37] Die Fahrgäste des iDTGV sind erfahrene Internetnutzer, ungefähr 35 Jahre alt, die mehrheitlich allein an Bord [des Zuges] reisen. Sie wünschen sich, dass der Zug ein Ort des sozialen Austausches ist und erwarten, dass man ihnen die Kontaktaufnahme [zu anderen Fahrgästen] erleichtert um [so] das Social Networking zu entwickeln.

Gemäß dieser Kundentypologie wurde 2006 die Internetplattform *iDTGVandCo.*® als integraler Bestandteil des Leistungsangebots von *iDTGV*® eingeführt. Demzufolge fußt das Leistungsangebot des *iDTGV*® nun auf drei Pfeilern: Erstens der Wahl der Bereiche, zweitens der Niedrigpreispolitik und drittens dem exklusiven Fahrkartenvertrieb über das Internet (iDTGV, 2012, S. 6). Die Wahl der Bereiche (*iDzen* = *Détente* vs. *iDzap* = *interactivité*) stellt den eigentlichen Mehrwert der Leistung des *iDTGV*® dar, die attraktiven Preise verstärken diesen Mehrwert und schaffen eine direkte Alternative zu den Low Cost Carriern, ohne jedoch konsequent die im No-Frills-Bereich[38] klassische Einzelpreisstellung (= Unbundeling)[39] zu betreiben (was sich bspw. an den beiden Komfortklassen und der Bereichswahl zeigt). Lediglich einzelne Elemente des No-Frills-Bereichs lassen sich bspw. in Form des Aufpreises, der für das Mitführen von mehr als zwei Gepäckstücken erhoben wird, erkennen. Erkennen lassen sich außerdem Grundzüge der gemischten Preisbündelung in Form von Zusatzleistungen, wie der Verleih von DVD-Playern (inklusive Film und Kopfhörer), die im Rahmen der Fahrkartenreservierung im Internet preiswerter erworben werden können als einzeln an Bord. Durch seine Preispolitik grenzt sich *iDTGV*® deutlich von klassischen Leistungen (z. B. *TGV*®) ab, ohne eine No-Frills-Strategie konsequent zu verfolgen.

---

[38] No-Frills bezeichnet eine Maßnahme, bei der sich das Leistungsangebot des Dienstleisters auf eine Kernleistung fokussiert. Für zusätzliche Leistungen muss der Kunde zahlen. Im Mittelpunkt dieser Maßnahme steht das Ziel, einen günstigen Preis anbieten zu können (Meffert/Burmann/Kirchgeorg, 2012, S. 494). No-Frills geht in der Regel mit Low Cost einher, da die Preisbereitschaft der hiermit angesprochenen Kunden eher gering ist (Sterzenbach/Conrady, 2003, S. 182).

[39] Preisbündelung (= Bundeling) ist ein Instrument der Preispolitik (Meffert/Burmann/Kirchgeorg, 2012, S. 508): Im Rahmen dessen wird zwischen drei Formen des Leistungsangebots unterschieden, namentlich der Einzelpreisstellung (= Unbundling), der reinen Preisbündelung (= Pure Bundling) und der gemischten Preisbündelung (= Mixed Bundling). Im Falle der Einzelpreisstellung können die einzelnen Leistungen nur einzeln zu einem festen Preis erworben werden, im Falle der reinen Preisbündelung nur gemeinsam zu einem festen Preis (= ohne, dass Rückschlüsse auf den Einzelpreis möglich wären; die Preistransparenz wird beeinträchtigt). Mixed Bundling ist eine Verbindung beider Ansätze, bei dem die Produkte sowohl einzeln als auch (preisgünstiger) im Bündel angeboten werden.

Für die Ausgestaltung des Behavioral Branding stellt sich im Falle von *iDTGV*® eine eklatante Besonderheit: Der Mitarbeiter-Kunden-Kontakt vollzieht sich großteilig nicht im direkten Kontakt, sondern – in der für die Kundenbindung hoch relevanten Vor- und Nachkaufphase – im Internet. Um in Kapitel 4.2 beurteilen zu können, wie das Behavioral Branding beim *iDTGV*® gestaltet sein sollte, werden nun im Folgenden zur Erfassung des Markenversprechens und der damit verbundenen Markenidentität die fünf Kernfragen des modifizierten Markensteuerrads nach Esch (2008, S. 100 ff.) herangezogen:

Die erste Frage *Wie bin ich? (Markentonalität)* ließe sich beim *iDTGV*® mit den Attributen *französisch* (= Country-of-origin-Effekt), *innovativ, reaktiv, prosozial* und *kreativ* fassen. Hinsichtlich der zweiten Frage *Was biete ich an? (Markennutzen)* ist zum einen der funktionale Nutzen zu nennen, der hier eindeutig auf die Transportleistung fokussiert werden kann, und zum anderen der psychosoziale Nutzen, Letzterer macht den (potenziellen) Wettbewerbsvorteil des *iDTGV*® aus. Den Grundnutzen des *TGV*® wertet den *iDTGV*® durch einen besseren Preis auf, der nicht zuletzt über den Direktvertrieb via Internet gewährleistet wird. Der psychosoziale Nutzen dürfte in der Gestaltung der Reise zu finden sein, vor allem durch die unterschiedlichen Rahmenbedingungen in den beiden Bereichen *iDzap*® und *iDzen*®. Die dritte Frage *Über welche Eigenschaften verfüge ich? (Markenattribute)* lässt sich im Wesentlichen anhand der Eigenschaften der Muttermarke *TGV*® beantworten und kann mit „schnelles und komfortables Reisen" umschrieben werden. Der *iDTGV*® ist jedoch etwas jünger und auch verspielter als der vergleichsweise gediegene *TGV*®: Innovation und Experimentierfreudigkeit stehen beim *iDTGV*® im Mittelpunkt. Die vierte Frage *Wie trete ich auf? (Markenbild)* lässt sich anhand der Gestaltung des Internetauftritts fassen: Der *iDTGV*® wird als modern und agil wahrgenommen und vereinnahmt durch sein Corporate Design die Werte der *SNCF*®-Gruppe (= lila, rosa Farbtöne), welche ihm zugleich einen jungen Charakter zuteilwerden lassen. Die Beantwortung der fünften Frage „*Wer bin ich?*" *(Markenkompetenz)* ergibt sich aus den vorher gestellten Fragen: Der *iDTGV*® ist ein moderner französischer Schnellzug, der die jüngere, preissensiblere Klientel anspricht und ihnen einen Mehrwert verschafft, der die Reise nicht nur als notwendiges Übel erscheinen lässt, sondern wahlweise Interaktion oder Entspannung verspricht. Der Claim „*Choisissez avec qui vous voyagez*" begründet dabei das Markenversprechen: Der Kunde kann –

stärker als im $TGV^{®}$ – seine Reise gestalten. Der Claim ist im engeren und weiteren Sinne zu verstehen: Im engeren Sinne geht es tatsächlich darum, über die unternehmenseigene Kontaktplattform $iDTGVandCo.^{®}$ Kontakte zu Mitreisenden zu knüpfen und mit denen die Reise zu verbringen. Im weiteren Sinne geht es aber auch um die Wahl der Bereiche (und der Komfortklasse).

Der **TGV Lyria**$^{®}$ ist ein Joint-Venture der französischen Staatsbahnen $SNCF^{®}$, welche 74 % der Unternehmensanteile halten, und der schweizerischen Bundesbahnen $SBB^{®40}$, welche die restlichen 26 % der Unternehmensanteile halten (TGV Lyria, 2012, S. 1). Trotzdem ist $TGV\ Lyria^{®}$, ebenso wie der $iDTGV^{®}$, als eine Line-Extension des $TGV^{®}$ anzusehen. Anders als der $iDTGV^{®}$ ist der $TGV\ Lyria^{®}$ jedoch keine Alternative, sondern eine Ergänzung des $TGV^{®}$-Grundangebots: Beim $TGV\ Lyria^{®}$ beginnt (bzw. endet) jeder Kurs in Paris oder in der Schweiz. Der $TGV\ Lyria^{®}$ ist somit eine Premiumleistung, welche Frankreich und die Schweiz miteinander verbindet. Der $TGV\ Lyria^{®}$ dient jedoch nicht exklusiv dem transnationalen Verkehr. Als Bestandteil des innerfranzösischen $TGV^{®}$-Grundangebots kann er auch innerhalb Frankreichs (z. B. zwischen Paris und Mulhouse) genutzt werden. Dies gilt ebenso für die Schweiz (z. B. Basel – Zürich), wobei dort weder ein Aufpreis zu zahlen ist noch eine Reservierung möglich ist. Die Klientel des $TGV\ Lyria^{®}$ setzt sich wie folgt zusammen: 46 % der Kunden leben in der Schweiz, weitere 44 % in Frankreich,[41] 34 % der Reisenden reisen beruflich, 66 % privat; 32 % der Reisenden wählen die erste Klasse, die restlichen 68 % die zweite Klasse, 72 % der Reisenden sind zwischen 25 und 59 Jahre alt (TGV Lyria, 2012, S. 6). Der unterschiedlichen Nationalität der Kunden wird Rechnung getragen, indem jeder Zug durch eine „Equipage franco-suisse"[42] begleitet wird (TGV Lyria, S. 3), die sich aus jeweils einem Zugbegleiter aus beiden Mutterunternehmen (= $SNCF^{®}$, $SBB^{®}$) zusammensetzt:

---

[40] Die schweizerischen Bundesbahnen haben vier verschiedene Akronyme, die in den vier Landessprachen begründet liegen: Schweizerische Bundesbahn ($SBB^{®}$), Chemins de fer fédéraux suisses ($CFF^{®}$), Ferrovie federali svizzere ($FFS^{®}$) und Viafiers federalas svizras ($VFS^{®}$), die letztere Bezeichnung ist rätoromanisch und wird in der Außenkommunikation praktisch kaum benutzt; in der Regel wird die Kombination SBB-CFF-$FFS^{®}$ verwendet.

[41] Die Zahlen sind vor dem Hintergrund zu sehen, dass $TGV\ Lyria^{®}$ auch innerfranzösisch bzw. -schweizerisch aktiv ist.

[42] Sinngemäß: deutsch-französisches Zugbegleiterteam.

« Les passagers sont accompagnés tout au long de leur voyage d'un équipage mixte, composé d'un chef de bord suisse et d'un chef de bord français. Ce service répond ainsi aux attentes d'une clientèle internationale et facilite les échanges tout en mettant en avant le savoir-faire des deux pays. » (TGV Lyria, 2012, S. 7).[43]

Bei *TGV Lyria*® steht bezüglich der Preispolitik die Strategie der reinen Preisbündelung im Vordergrund: Dahinter steht der Versuch, die eigene (Grund-)Leistung durch Zusatzleistungen so zu „verpacken", dass man sich vom Wettbewerb abhebt, dies versucht *TGV Lyria*® insbesondere mittels der Kompetenzen des Personals, die mindestens fließend Deutsch und Französisch sprechen, sowie durch einen besonderen Service, *Lyriapremière*®, welcher der internationalen Klientel in der ersten Klasse zugedacht ist: „Disponible sur toutes les lignes du réseau TGV Lyria, **Lyria**première est un service dédie aux clients internationaux de 1ère classe. **Lyria**première a été conçu pour faire de leur voyage un véritable moment de détente."[44] (TGV Lyria, 2012, S. 7)[45].

Der unternehmenseigene Claim des *TGV Lyria*® und somit das werbeseitige Markenversprechen lautet „*L'harmonie du voyage*".[46] Zur dezidierteren Erfassung des Markenversprechens und der damit verbundenen Markenidentität werden im Folgenden die fünf Kernfragen des modifizierten Markensteuerrads nach Esch (2008, S. 100 ff.) herangezogen: Die erste Frage *Wie bin ich? (Markentonalität)* ließe sich bei *TGV Lyria*® mit den Attributen *schweizerisch, gediegen, gebildet, rein/sauber, diskret* und *prosozial* fassen. Hinsichtlich der zweiten Frage *Was biete ich an? (Markennutzen)* ist hier der funktionale Markennutzen eindeutig auf die Transportleistung zu reduzieren[47]. Die Be-

---

[43] Die Fahrgäste werden auf ihrer gesamten Reise durch eine gemischte Gruppe, bestehend aus einem schweizerischen und einen französischen Zugchef, begleitet. Dieser Service trägt den Ansprüchen der internationalen Klientel Rechnung und erleichtert den Austausch, indem die Kompetenzen beider Länder in den Vordergrund gestellt werden.

[44] Der auf allen Linien des Netzes von TGV Lyria verfügbare Service **Lyria**première ist den internationalen Fahrgästen der ersten Klasse gewidmet. **Lyria**première ist konzipiert worden, um aus ihrer Reise einen wirklichen Moment der Erholung bieten zu können.

[45] Hinzuweisen ist in diesem Kontext auf die – im europäischen Vergleich – relativ hohen Ansprüche des schweizerischen Klientels. Dies zeigt sich bspw. in der Nutzung von Porzellan-Geschirr, das in internationalen Hochgeschwindigkeitszügen eher die Ausnahme darstellt.

[46] Die Harmonie des Reisens.

[47] 67 % der Fahrgäste gaben an, den *TGV Lyria*® vor allem wegen der relativ kurzen Fahrzeit zu nutzen.

antwortung der dritten Frage *Über welche Eigenschaften verfüge ich? (Markenattribu-te)* leitet sich wie beim *iDTGV®* im Wesentlichen aus den Eigenschaften der Mutter-marke *TGV®* ab, diese können durch „schnelles und komfortables Reisen" umschrieben werden. Die vierte Frage *Wie trete ich auf? (Markenbild)* leitet sich zwar ebenfalls vorrangig aus dem Markenbild des *TGV®* ab, es wird beim *TGV Lyria®* jedoch starker Bezug auf die Schweiz genommen. Dies geschieht vor allem durch das Corporate De-sign, in dem der Rotton der Schweizer Flagge, zumeist in Verbindung mit Weißtönen, klar hervorsticht.[48] Die Beantwortung der fünften Frage *Wer bin ich? (Markenkompe-tenz)* ergibt sich aus den vorher gestellten Fragen: Der *TGV Lyria®* ist ein bodenständi-ger französischer *TGV®* mit Schweizer Wurzeln, der die Kompetenzen beider Länder vereint. Der Slogan „*L`harmonie du voyage*" greift dabei auf die landestypische (positiv konnotierte) Stereotype zurück: Schweizer Gemütlichkeit, Ordnungssinn und Sauber-keit trifft auf das dezent hilfsbereite französische Savoir-vivre und schafft so einen Kon-text, in dem das Reisen harmonisch genossen werden kann.

Thalys® ist ein weiteres Joint-Venture der *SNCF®*-Gruppe: Die *SNCF®*-Gruppe hält 62 % der Unternehmensanteile *iDTGV®* , die *SNCB-NMBS®* halten 28 % der Unter-nehmensanteile, die verbleibenden 10 % werden von der Deutschen Bahn AG – als stil-ler Gesellschafter[49] – gehalten (Thalys, 2012)[50]. Das Unternehmen beschreibt sich selbst wie folgt: „Thalys est le train rouge à grande vitesse qui relie Bruxelles à Paris en 1h22, mais aussi à Cologne et à Amsterdam en 1h47 et 1h53 seulement." (Thalys, 2011b, S. 6). Rechtlich gesehen ist *Thalys®* eine Genossenschaft mit beschränkter Haftung[51] belgischen Rechts mit Sitz in Brüssel. Auf französischem Boden wird – von saisonalen Verbindungen nach Süd- und Südwestfrankreich abgesehen – ausschließlich Paris ange-fahren. Alle Züge des Unternehmens verkehren von dort aus durchgehend nach Brüssel. Brüssel >-< Paris ist mit bis zu 25 Verbindungen pro Tag das hauptsächliche Aktivitäts-feld des Unternehmens; auf dieser Relation gibt es keinen (direkten) intramodalen

---

[48] Dies zeigt sich z. B. auch an der Speisekarte: In Rot- und Weißtönen gehalten, ist dort *Züricher Geschnetzeltes* ebenso vertreten, wie die *Toblerone®*; beides wird auf der Karte durch eine Schweizer Flagge deutlich hervorge-hoben.

[49] Die DB betrachtet Thalys als Konkurrenz, bezogen auf die innerdeutschen NV- und FV-Strecken (soweit von Thalys bedient), vor allem auf dem Abschnitt Brüssel >-< Köln, auf dem sie mit dem unternehmenseigenen „ICE International" in direkter Konkurrenz zum Thalys tritt.

[50] Eine Seitenangabe auf der Website.

[51] Französisch: Société Coopérative à responsabilité limitée (SCRL); Niederländisch: Coöperatieve vennootschap met beperkte aansprakelijkheid (CVBA)

Wettbewerb[52]. Zehn dieser 25 Verbindungen verkehren über Brüssel hinausgehend weiter nach Amsterdam bzw. erreichen Paris von Amsterdam ausgehend. *Thalys*® verkehrt exklusiv über eine neugebaute Hochgeschwindigkeitsschienenstrecke und hat daher einen signifikanten Zeitvorteil gegenüber dem intramodalen Wettbewerb[53]. Weitere fünf der verbleibenden 15 Verbindungen verbinden Paris und Brüssel über Lüttich und Aachen mit Köln.[54] *Thalys*® verbindet mithin die vier europäischen Länder Frankreich, Deutschland, Belgien und die Niederlande.[55]) *Thalys*® versteht sich daher nicht als belgisches und/oder französisches Unternehmen, sondern positioniert sich distinktiv als europäisches Unternehmen:

> « Depuis sa création, Thalys a joué un rôle conséquent dans la redéfinition de la géographie européenne. Premier opérateur ferroviaire à grande vitesse à franchir les frontières de quatre pays européens, Thalys a réduit les distances en facilitant la mobilité européenne. [...] En accélérant en décembre 2009, en se rapprochant du seuil des 3 heures entre Paris, Amsterdam et Cologne, Thalys a rendu désormais faciles et agréables les allers-retours sur la journée. Entreprise multiculturelle par essence, Thalys est une entreprise de taille humaine basée à Bruxelles, au cœur de l'Europe. » (Thalys, 2012a, S. 2).[56]

Thalys® hat zwei Komfortklassen: Confort 1 und Confort 2. In beiden Komfortklassen wird kostenlose Internetnutzung angeboten, in Confort 1 werden ein kostenfreies Catering sowie internationale Zeitschriften angeboten. Die *Thalysbar*® verfügt über ein internationales Angebot, das belgische Biere ebenso wie französische Weine beinhaltet.

Thalys® ist im Sinne des Gedankens, ein europäisches Unternehmen zu sein, darauf bedacht, ein breites europäisches Klientel anzusprechen. Dies findet seinen Ausdruck z. B. dadurch, dass das Bordpersonal in der Regel viersprachig ist: Je nach

---

[52] Indirekt stellt der *TGV*® der Relation *Bruxelles* >-< *France* jedoch eine „indirekte Konkurrenz" dar. Es kann daher nur bedingt von einer fehlenden intramodalen Konkurrenz gesprochen werden.

[53] Thalys® hat keine Verbindung (mehr) in seinem Streckennetz, welche die kritische Reisezeit von drei Stunden übersteigt und hat daher gegenüber der intermodalen Konkurrenz, respektive dem Flugverkehr, einen systematischen Wettbewerbsvorteil, den er in seiner derzeitigen Printwerbekampagne auch deutlich kommuniziert.

[54] Eine dieser fünf Kurse verkehrt von Köln aus über Düsseldorf und Duisburg weiter nach Essen (bzw. retour). Eine der zehn verbliebenen Züge verkehrt von Brüssel aus weiter über Gent und Brügge nach Ostende (bzw. umgekehrt). Lediglich ein täglicher Kurs verkehrt nicht über Brüssel, sondern ab Paris über Mons, Charleroi und Namur nach Lüttich (et vice versa).

[55] Offiziell kann der Zug lediglich international (=europäisch) und innerdeutsch genutzt werden. Es gibt jedoch eine Aufpreisregelung, welche die Nutzung des *Thalys*® innerhalb Belgiens oder der Niederlande ermöglicht. Die hierzu benötigten Fahrkarten werden allerdings exklusiv durch die zuständige, nationale Bahngesellschaft (= *SNCB-NMBS*® bzw. *NS*®) vertrieben. Innerdeutsch bietet *Thalys*® zudem Kampfpreise an, die selbst mit den länderbezogenen Pauschalpreisen der DB konkurrieren können.

[56] Seit seiner Einführung hat Thalys eine konsequent distinktive Rolle in der Neudefinition der europäischen Geografie gespielt. Als erster Betreiber eines, die Grenzen vierer europäischer Staaten überschreitenden, schienengebundenen Hochgeschwindigkeitsverkehrs hat Thalys die Entfernungen reduziert und die europäische Mobilität erleichtert. [...] Mit der Beschleunigung der Reisezeit im Dezember 2009, sich der Schwelle [einer Reisezeit] von drei Stunden zwischen Paris, Amsterdam und Köln nähernd, hat Thalys die Hin- und Rückfahrten einfach und angenehm gestaltet. Seinem Wesen nach ist Thalys ein multikulturelles Unternehmen von menschlicher Größe, welches in Brüssel, dem Herzen Europas, niedergelassen ist.

(Teil-)Strecke beherrschte es Deutsch, Englisch, Französisch und Niederländisch, so ist auch der unternehmenseigene Claim und somit das werbeseitige Markenversprechen, *„van harte welkom"* in vier Sprachen gefasst.[57].

Zur Erfassung des Markenversprechens und der damit verbundenen Markenidentität werden im Folgenden die fünf ® Kernfragen des modifizierten Markensteuerrads nach Esch (2008, S. 100 ff.) herangezogen: Die erste Frage *Wie bin ich?* *(Markentonalität)* ließe sich im Falle von *Thalys®* mit den Attributen *weiblich[58]*, *europäisch*, *kulturell bewandert*, *innovativ* und *diskret* fassen. Hinsichtlich der zweiten Frage *Was biete ich an?* *(Markennutzen)* liegt diese, wie auch bei den zuvor vorgestellten Unternehmen, im Bereich des funktionalen Markennutzens auf der Transportleistung, genauer gesagt auf einer „schnellen Transportleistung"[59]. Die Beantwortung der dritten Frage *Über welche Eigenschaften verfüge ich?* *(Markenattribute)* leitet sich von *Thalys®* als europäische Marke ab: Belgische Gastfreundschaft/Gemütlichkeit, deutsche Pünktlichkeit, französisches Savoir-vivre sowie niederländische Bodenständigkeit. Die vierte Frage *Wie trete ich auf?* *(Markenbild)* wird vor allem durch das Corporate Design manifestiert: „le train rouge" (Thalys, 2011a, S. 11). Vielfach wird das in warmen, roten Farbtönen gehaltene Firmenlogo, welches eigentlich die Form einer *Thalys®*-Garnitur auf Schienen darstellt, als Profil-Portrait einer Frau interpretiert. Die Beantwortung der fünften Frage *Wer bin ich?* *(Markenkompetenz)* ergibt sich aus den vorher gestellten Fragen: *Thalys®* ist ein europäischer Hochgeschwindigkeitszug, welcher derart „europäisch" ist, dass er sich keiner europäischen Kultur zuordnen lässt und daher im besonderen Maße in der Lage ist, die Bedürfnisse seiner multikulturellen Klientel zu erfüllen. Der Slogan *„van harte welkom"* verspricht, dass der Kunde willkommen ist und mit freundlicher, persönlicher Ansprache rechnen kann, dies vermittelt einen allgemeinen Wohlfühlcharakter.

---

[57] Dieser Slogan hat jeweils eine Version in den vier relevanten Sprachen Deutsch (*„Willkommen bei uns"*), Englisch (*„Welcome to our world"*), Französisch (*„Bienvenue chez nous"*) und Niederländisch (*„van harte welkom"*). Des Weiteren wird die niederländische Version behandelt, da diese am gehaltvollsten und anschaulichsten für die weiteren Ausführungen ist.

[58] Siehe hierzu die Ausführungen zu Markenbild: Das Firmenlogo in Form einer *Thalys®*-Garnitur auf Schienen wird häufig als Profil-Portrait einer Frau wahrgenommen.

[59] 67 % Fahrgäste gaben an, den *TGV Lyria®* vor allem wegen der relativ kurzen Fahrzeit zu nutzen.

4.2 Implementierung des Behavioral Branding durch Management Controls in den ausgewählten Unternehmen

Wie in Kapitel 4.1 festgestellt wurde, gibt *iDTGV®* mit seinem Claim „Choisissez avec qui vous voyagez" das Markenversprechen, dass der Kunde sich aussuchen kann, mit wem er reist.

Darüber hinaus konnten anhand des Markensteuerrades nach Esch (2008, S. 100 ff.) die spezifischen Merkmale der Markenidentität – somit verbunden mit dem Markenversprechen – präzisiert werden. Im Folgenden wird nun dargelegt, welche Management Controls sich eignen, um ein Behavioral Branding zur Umsetzung dieser spezifischen Markenidentität in den Unternehmen zu implementieren.

Hier gilt es zunächst, die Merkmale der Markenidentität zu identifizieren, die durch das Mitarbeiterverhalten geprägt werden:

Hinsichtlich der Markentonalität wurde in Kapitel 4.1 festgestellt, dass sich der *iDTGV®* mit den Attributen *französisch, reaktiv, prosozial, innovativ* und *kreativ* fassen lässt. Das Verhalten des Mitarbeiters sollte demnach den kulturellen Gegebenheiten Frankreichs entsprechen[60]. Demzufolge sollte der Mitarbeiter eine höfliche Distanz zum Kunden wahren, die dem in Frankreich gültigen hierarchischen Gefälle der Mitarbeiter-Kundenbeziehung entspricht. Im Kundenkontakt sollte sich der Mitarbeiter reaktiv zeigen, indem er auf die Kundenbedürfnisse eingeht und diese – nach Möglichkeit – sogar antizipiert (= z. B. unaufgefordertes Angebot an Speisen und Getränken am Sitzplatz). Der Mitarbeiter sollte sich prosozial verhalten, was bedeutet, dass er sich im Kundenkontakt idealerweise besonders engagieren und sein Interesse sowie auch Möglichkeiten der Problemlösung deutlich kommunizieren sollte.

---

[60] Gemeint sind hier die kulturellen Besonderheiten nach den Kulturdimensionen Geert Hofstedes (Klein, 2008, S. 18 ff.): Durch die relativ hohe Ausprägung der Dimension Machtdistanz ist der Kunden-Mitarbeiter-Kontakt relativ distanziert, das Personal hat sich dem Kunden unterzuordnen. Frankreich ist stark individualistisch geprägt, so wird in der Kommunikation stets der einzelne Kunde angesprochen. Die sozialen Netzwerke *iDTGV®*s setzen Individuen in Kontakt. Franzosen sind tendenziell eher feminin geprägt und wissen, zusätzliche Services, durch die sich der *iDTGV®* vom *TGV®* unterscheidet, tendenziell eher zu schätzen als maskulinere Kulturen (= wobei beachtet werden muss, dass das Leistungsspektrum des *iDTGV®* eindeutig auf eine relativ junge, preissensible Klientel abgestellt ist). Franzosen haben eine hohe Tendenz zur Unsicherheitsvermeidung, was sich in den praktizierten Globalpreisen (= Fahrpreis und Sitzplatz werden nur in Kombination verkauft) widerspiegelt; es wird der Unsicherheit, keinen Sitzplatz zu bekommen, Rechnung getragen. Die Kulturdimension Langzeit-/Kurzzeitorientierung lässt keine konkreten Schlussfolgerungen (innereuropäischen) zu. Die Kulturdimensionen nach Geert Hofstede werden in Kapitel 4.4 aufgegriffen und erklärt.

Hinsichtlich des Markennutzen beim *iDTGV®* ist das Mitarbeiterverhalten, insbesondere im Bereich des psychosozialen Nutzen (= Wettbewerbsvorteil des *iDTGV®*) prägend. (Die Transportleistung als solche ist in ihrer Grundfunktion imitierbar und bedarf im Grunde nur eines sehr geringfügigen Personaleinsatzes (= z. B. Führen der Lok, Abfertigung des Zuges). Der Mitarbeiter sollte flexibel auf die Wünsche des Kunden eingehen können.

Hinsichtlich der Markenattribute wird der *iDTGV®* – im Vergleich zur Muttermarke *TGV®* – etwas jünger und verspielter wahrgenommen. Dies gestattet dem Personal – trotz gebotener Wahrung des o. g. Hierarchiegefälles – einen relativ persönlichen Kontakt zum Kunden. Der Mitarbeiter sollte also seine (markenkonforme) Persönlichkeit in die Interaktion mit dem Kunden einbringen, und so einen „gelockerten" Umgang an den Tag pflegen.

Hinsichtlich des Markenbildes ist vor allem auf das Corporate Design zu verweisen, welchem die Mitarbeiter durch das Tragen ihrer Uniform Ausdruck verleihen. Durch die – aus der Muttermarke *SNCF®* – abgeleitete Farbgebung (= rosa, lila) wird Agilität und Modernität zum Ausdruck gebracht. Das Mitarbeiterverhalten sollte sich hieran orientieren, wie es in den bisherigen Ausführungen bereits dargelegt ist.

Hinsichtlich der Markenkompetenz kann festgehalten werden, dass das Mitarbeiterverhalten modern, französisch und „jung" sein sollte, da der *iDTGV®* als moderner französischer Schnellzug die jüngere, preissensiblere Klientel anspricht.

Im Folgenden wird die Frage behandelt, welche der im Rahmen der vier Controls vorgestellten Maßnahmen sich eignen, um Behavioral Branding zu implementieren und dadurch das markenspezifische Brand Behavior bei einem *iDTGV®*-Mitarbeiter zu evozieren.

Um ein markenkonformes Verhalten im Sinne von „französisch, reaktiv, prosozial, innovativ, kreativ, jung und flexibel auf Kundenwünsche eingehend" beim Mitarbeiter zu fördern, scheinen folgende Maßnahmen sinnvoll oder weniger sinnvoll:

Der Einsatz von **Action Controls** scheint sinnvoll, da diese gewährleisten, dass die Mitarbeiter Handlungen im Sinne des Unternehmens – hier also im Sinne der Markenidentität (= im Sinne des Markenversprechens) – ausführen.

So ist im Hinblick auf das gewünschte Brand Behavior der Einsatz von *Action Accountability* besonders sinnvoll, da sich hier die Mitarbeiter für ihre Handlungen verantwortlich zeichnen müssen, gleichzeitig aber hinsichtlich der Wahl ihrer Handlungen freie Hand haben, solange sie sich an das halten, was durch das Unternehmen akzeptiert/gewünscht wird. Dies fördert die Flexibilität, mit der die Mitarbeiter im Kundenkontakt agieren können und fördert mithin das markenkonforme Verhalten im Sinne von „flexibel auf Kundenwünsche eingehen". Eine Voraussetzung dafür ist die deutliche Kommunikation dessen, was vom Unternehmen gewünscht wird, und die Beobachtung der Mitarbeiterhandlung, um dieses letztlich belohnen oder bestrafen zu können. Der letztgenannte Punkt könnte sich jedoch im Rahmen der Dienstleistungserstellung in einem Zug als schwierig erweisen: Hier ist die Beobachtung der Mitarbeiterhandlung im Falle der Zugbegleiter nicht immer möglich. Ebenfalls sinnvoll dürfte *Redundancy*, eine Form der Action Controls, sein: Da hiermit einer Aufgabe mehr Mitarbeiter als zwingend notwendig zugeordnet werden – im vorliegenden Fall z. B. mehr Zugbegleiter –, wird es dem Mitarbeiter ermöglicht, sich dem Markenimage entsprechend *reaktiv, prosozial, innovativ* und *kreativ* verhalten zu können: Redundancy dürfte sich insofern positiv auf das Mitarbeiterverhalten auswirken, als dass diese sich im Kundenkontakt höchstwahrscheinlich mehr Zeit für die Kunden nehmen können und die genannten Markenattribute folglich „(aus)leben" können. Gerade im *iDzen*® dürfte dies von besonderer Relevanz sein, da hier ausdrücklich Ruhe und Gelassenheit beworben werden und das Bordpersonal für deren Einhaltung (und Entstehung) verantwortlich zeichnet.

Behavioral Constraints bzw. deren Unterformen *Physical Constraints, Administrative Constraints* und *Separation of Duties* scheinen allesamt nicht für die Implementierung von Behavioral Branding bei *iDTGV*® geeignet zu sein:

Physical Constraints sind für die Implementierung von Behavioral Branding bei der *iDTGV*®-Dienstleistung von keiner Bedeutung, da es für die Mitarbeiter keinen beschränkten Zugang für kundenseitig zugängliche Bereiche gibt.

Administrative Constraints sind ebenfalls nicht sinnvoll zur Implementierung von Behavioral Branding, da diese den Mitarbeiter (potenziell) in seiner Kulanz gegenüber dem Kunden einschränken könnten (im Dienstleistungsbereich spiegelt sich nicht gewährte Kulanz unmittelbar im kundenseitigen Markenimage wider). Im Hinblick auf das Markenimage von *iDTGV*® erscheint es sinnvoll, keine Administrative Constraints einzusetzen, um die Handlungsfreiheit des Mitarbeiters nicht zu sehr einzuschränken: Nur so kann er im Sinne der Marke reaktiv und prosozial dem Kunden gegenüber Kulanz zeigen, was dieser mit entsprechender Zufriedenheit würdigen dürfte.

Separation of Duties, bei der mindestens zwei Mitarbeiter an einer spezifischen Aufgabenausführung beteiligt sein müssen, scheint für die Implementierung von Behavioral Branding beim *iDTGV*® ebenfalls nicht sinnvoll zu sein, da diese die Handlungsfreiheit den Zugbegleiter und damit dessen Flexibilität im Kundenkontakt einschränkt.

Preaction Reviews, schließlich eine weitere Art von Action Controls, erscheinen ebenfalls ungeeignet, um Brand Behavior bei Mitarbeitern des *iDTGV*® zu evozieren, da die vom Mitarbeiter angedachten Handlungen vor der Umsetzung im Kundenkontakt nicht durch den Vorgesetzten geprüft werden können.

Bei dem Einsatz von **Results Controls**, der zweiten Art der Management Controls, wird eine ergebnisbezogene Beeinflussung des Mitarbeiterverhaltens bezweckt: Der Mitarbeiter soll so handeln bzw. sich so verhalten, dass das vom Unternehmen gewünschte Ergebnis erzielt wird. Dies setzt allerdings voraus, dass das Unternehmen zuvor bestimmen und deutlich machen konnte, welche Ergebnisse gewünscht sind (= was im vorliegenden Fall dem markenkonformen Verhalten des Mitarbeiters entspricht). Eine weitere Voraussetzung ist, dass die Mitarbeiter die Möglichkeit haben müssen, die Ergebnisse, für die sie verantwortlich sind, maßgeblich zu beeinflussen. Im vorliegenden Fall wäre dies möglich, schließlich muss für das Unternehmen die Möglichkeit bestehen, die Ergebnisse kontrollieren und messen zu können. Im Hinblick auf den letzten Punkt, nämlich der Ergebniskontrolle und -messung scheinen Results Controls nicht zur Implementierung von Behavioral Branding im Dienstleistungsbereich (= hier beim *iDTGV*®) geeignet zu sein, da entsprechende Kontrollen und Messungen kaum möglich sind.[61]

Personnel Controls, die dritte Art der Management Controls, scheinen aufgrund der vergleichsweise hohen Bedeutung des Personals hinsichtlich der Implementierung von Behavioral Branding im Dienstleistungsbereich, also auch beim *iDTGV*® besonders geeignet zu sein. Personal Controls helfen, die Erwartungen, die an den Mitarbeiter ge-

---

[61] Da Results Controls aus den genannten Gründen im Dienstleistungsbereich generell eher nicht applikabel sind, wird von einer weitergehenden Diskussion dieser Management Control Art im Rahmen der beiden, noch folgenden Unternehmensbeispiele abgesehen.

stellt werden, zu klären; sie gewährleisten, dass der Mitarbeiter über die zur Ausführung der Aufgabe benötigten Fähigkeiten, Fertigkeiten und Ressourcen verfügt und erhöhen die Wahrscheinlichkeit, dass der Mitarbeiter seine eigenen Handlungen – durch sein ganz persönliches Commitment – kritisch reflektiert.

Selection and Placement von Mitarbeitern als Maßnahme der **Personnel Controls** sind von überragender Bedeutung: So gilt es, Mitarbeiter zu finden, welche die Markenattribute französisch, reaktiv, prosozial, innovativ, kreativ, jung und flexibel auf Kundenwünsche eingehend repräsentieren. Die Mitarbeiter *iDTGV*®s dürften daher eher jüngeren Alters sein (ca. 20 bis 35 Jahre alt), selbstbewusst, unkonventionell, extrovertiert und höflich dezent.

Eine weitere wichtige Maßnahme im Rahmen der Personnel Controls ist *Training* , bei dem es beim *iDTGV*® darum gehen sollte, die Mitarbeiter im Umgang mit dem Kunden zu schulen: Welches Verhalten wäre der Marke angemessen, wenn in *iDzen*® ein lärmender Kunde dazu bewegt werden muss, das dortige Ruhegebot einzuhalten. Ebenfalls wichtig scheint die Personnel Controls-Maßnahme *Job Design and Provision of necessary Ressources* zu sein, im Rahmen dessen sichergestellt werden soll, dass die Arbeitsaufgabe so gestaltet ist, dass ein motivierter und qualifizierter Mitarbeiter diese Aufgabe mit hoher Wahrscheinlichkeit erfolgreich bewältigen kann, dies trifft in besonderem Maße auf die Aufgabenstellung für den Mitarbeiter im Dienstleistungsbereich zu, so auch beim *iDTGV*®. So muss bei der Konzeption des Aufgabenfeldes sichergestellt sein, dass ein qualifizierter, motivierter Mitarbeiter die an ihn gestellten Aufgaben auch tatsächlich bewältigen kann. Ist dies nicht der Fall, könnte sich ein Mitarbeiter überfordert fühlen, was sich wiederum negativ auf den Kundenkontakt auswirken würde.

Den **Cultural Controls**, der vierten Art von Management Controls, kommt – wie den Personnel Controls – im Dienstleistungsbereich eine hohe Bedeutung zu: Sie fußen auf geteilte Normen und Werte der Mitarbeiterschaft.

So kann den **Codes of Conduct** bei der Implementierung von Behavioral Branding bei *iDTGV*® eine wesentliche Rolle zuteilwerden, da sie dem Mitarbeiter Werte des Unternehmens in schriftlicher Form nahebringen. Im vorliegenden Fall können diese Werte als Attribute der Markenidentität von *iDTGV*® verstanden werden, an denen der Mitarbeiter sein Handeln und Verhalten ausrichten kann (und soll). Daher ist davon auszugehen, dass Codes of Conduct ein markenkonformes Verhalten (= Brand Behavior) beim Mitarbeiter fördern können.

Group-based Rewards scheinen für die Implementierung von markenspezifischem Brand Behavior beim einem *iDTGV*® nicht geeignet, da, wie im Falle der Results Controls, die Bemessung der Gruppen-Performance ein Problem darstellt.

Mit der Cultural Controls Maßnahme der *Intra-organizational Transfers*[62] ist eine Job-Rotation innerhalb des Unternehmens gemeint. Dies scheint im Kontext der *iDTGV*®-Zugbegleiter für die Implementierung von Brand Behavior durchaus sinnvoll: Wenn der Mitarbeiter nicht nur im direkten Kundenkontakt im Zug, sondern auch an anderer Stelle, so zum Beispiel im Kundendienst eingesetzt würde, hätte er die Möglichkeit, die Kunden aus einer anderen Perspektive kennenzulernen – was wiederum bei dem Kundenkontakt im Zug hilfreich sein könnte.

Physical and Social Arrangements scheinen für die Implementierung von markenspezifischem Brand Behavior beim *iDTGV*® (und im Dienstleistungsbereich allgemein) geeignet, da sie dazu dienen können, dem Mitarbeiter (aber auch dem Kunden) einige der Attribute der Markenidentität zu kommunizieren. Im Falle von *iDTGV*® geschieht dies durch physische „Arrangements", wie z. B. durch die Ausstattung des Zuges (farbliche Gestaltung mit warmen, modernen Farben) und die Mitarbeiterkleidung, welche die Marke repräsentiert. Durch die Mitarbeiterkleidung werden die Mitarbeiter für den Kunden als Ansprechpartner erkennbar. Die Mitarbeiter selbst können sich aufgrund der „uniformen" Kleidung als eine Einheit zugehörig wahrnehmen, die das Unternehmen repräsentiert sowie dessen Markenversprechen leben, auch Soziale „Arrangements", z. B. institutionalisierte(s) Gepflogenheiten und Verhalten, können der Repräsentation und dem Zugehörigkeitsgefühl zuträglich sein.

Tone at the Top kann für die Implementierung von markenspezifischem Brand Behavior beim *iDTGV*® wichtig sein, da hierbei die Führungskräfte (= z. B. die Vorgesetzten der Zugbegleiter) eine Vorbildfunktion übernehmen. Tone at the Top ist insofern wichtig, als dass es zeigt, dass Behavioral Branding das gesamte Unternehmen betrifft und nicht auf den Mitarbeiter-Kunden-Kontakt beschränkt bleibt.

---

[62] Diesen Begriff verwenden Merchant und Van der Stede (2012, S. 93) synonym mit *"employee rotation"*. Im Deutschen wird in diesem Kontext auch von „*Job Rotation*" gesprochen.

***TGV Lyria*®** gibt mit seinem Claim „L´harmonie du voyage" das Markenversprechen, dass die Reise harmonisch verläuft. Folgende Merkmale der Markenidentität werden durch das Mitarbeiterverhalten geprägt:

Im Kapitel 4.1 wurde dargestellt, dass sich der *TGV Lyria*® mit den Attributen schweizerisch, gediegen, gebildet, rein/sauber, diskret, und prosozial fassen lässt. Das Verhalten des Mitarbeiters sollte demnach zwar eine gewisse Distanz zum Kunden wahren, tendenziell ist jedoch ein – im Vergleich zum Personal des *iDTGV*® – selbstbewussteres Auftreten zu erwarten, da dies eher dem „schweizerischen", gediegenen Verhalten entspricht. Der Mitarbeiter sollte also durch sein selbstbewusstes Auftreten wahrgenommen, sich jedoch gleichzeitig diskret und zurückhaltend verhalten, was wiederum den Kunden das Marken/Mitarbeiter-Attribut „gebildet" assoziieren lässt. Der Mitarbeiter sollte überdies bei Bedarf stets zur Stelle sein, um flexibel auf die Wünsche des Kunden einzugehen (= prosoziales Verhalten). Wichtig ist die Umsetzung des Attributs „sauber": Sowohl bei der eigenen Erscheinung des Mitarbeiters als auch in den räumlichen Gegebenheiten des Zuges sollte auf Ordnung und Sauberkeit geachtet werden.

Wie auch beim *iDTGV*® ist der auf das Mitarbeiterverhalten bezogene Markennutzen – aufgrund der imitierbaren Grundleistung des Transports – im psychosozialen Bereich zu verorten.

In diesem Zusammenhang muss auf den Umstand hingewiesen werden, dass die Mitarbeiter aufgrund der interkulturellen Begegnungen (= z. B. Schweizer Zugbegleiter und französischer Kunde) noch flexibler sein müssen als bei *iDTGV*®. Prosoziales Verhalten ist in einer interkulturellen Begegnung tendenziell bedeutsamer als in einer intrakulturellen Begegnung.

Die Markenattribute von *TGV Lyria*® leiten sich aus der Muttermarke *TGV*® her, welcher für ein schnelles und komfortables Reisen steht, sie werden unverändert übernommen. Der Mitarbeiter sollte eine markenkonforme Persönlichkeit in die Interaktion mit dem Kunden einbringen, die sich durch ein zuvorkommendes, aber dennoch distanziertes Verhalten äußert.

Auch das Markenbild ist vorrangig aus der Muttermarke *TGV*® abgeleitet, unterscheidet sich aber insofern von ihr, als dass die Schweiz dominant in den Vordergrund gestellt wird (= Country-of-Origin-Effekt), konkretisiert wird dies durch das Corporate Design, das durch Rottöne, die zumeist mit Weißtönen in Verbindung gesetzt werden. Das Mitarbeiterverhalten sollte durch sein in den bisherigen Ausführungen beschriebenes Verhalten die Herkunft der Marke unterstreichen.

Hinsichtlich der Markenkompetenz ist auf das Zusammenspiel der Kompetenzen beider Länder, ein französischer Hochgeschwindigkeitszug mit einer kulturellen Schweizer Prägung, zu verweisen. Dieses wird durch das bereits dargelegte, selbstbewusste Auftreten des Personals unterstrichen.

Hinsichtlich der Frage, welche der vier Controls vorgestellten Maßnahmen sich eignen, um Behavioral Branding zu implementieren, ist Folgendes festzuhalten:

Action Controls scheinen auch im Falle des *TGV Lyria*® als sinnvoll, da mit ihnen das gewünschte Mitarbeiterverhalten evoziert werden kann.

Action Accountability sind für *TGV Lyria*® von besonderer Bedeutung: Die Mitarbeiter zeichnen sich für ihre Handlungen verantwortlich, sind aber gleichzeitig hinsichtlich der Wahl ihrer Handlungen recht flexibel, solange sie sich an die Vorgaben des Unternehmens halten – im vorliegenden Fall also markenkonformes Verhalten zeigen. Ein gewisses Maß an Flexibilität und Anpassung an die jeweils gegebene Kundensituation ist gerade im interkulturellen Kontakt, wie er beim *TGV Lyria*® vorkommt, wichtig: Der Mitarbeiter muss sich flexibel auf die kulturelle Prägung der Kunden einstellen und sein Verhalten daher interindividuell anpassen.

In der praktischen Anwendung besteht jedoch – wie im Falle des *iDTGV*® dargelegt – das Problem der unzureichenden Möglichkeit, das Mitarbeiterverhalten zu beobachten. *Redundancy* verschafft den Mitarbeitern die Möglichkeit, sich die Zeit für ein dem Markenimage entsprechendes Verhalten zu nehmen: schweizerisch, gediegen, gebildet und prosozial. Auch hier sollte auf das Attribut sauber hingewiesen werden: Dieses Markenversprechen lässt sich besser mit mehr als mit weniger Mitarbeitern umsetzen.

Physical Constraints, Administrative Contraints und Separation of Duties – als Formen der Behavioral Constraints – scheinen für die Implementierung von Behavioral Branding bei Zugbegleitern des *TGV Lyria*® ungeeignet:

Physical Constraints können als redundant angesehen werden, da dem Personal alle kundenseitig zugänglichen Bereiche ebenfalls zugänglich sein müssen. Zugangsbeschränkungen anderer Art sind nicht nahe liegend.

Administrative Constraints, so wurde bereits beim *iDTGV*® argumentiert, sind ebenfalls nicht sinnvoll zur Implementierung von Behavioral Branding, da diese den Mitarbeiter (potenziell) in seiner Kulanz gegenüber dem Kunden einschränken können.

Selbiges wurde auch bereits bei *Separation of Duties* angemerkt: Auch diese schränkt die Handlungsfreiheit der Zugbegleiter und damit deren Flexibilität im Kundenkontakt ein, sodass die Umsetzung der Markenversprechen erschwert wird.

Preaction Reviews sind zur Implementierung von Behavioral Branding beim *TGV Lyria*® nicht geeignet, da die Mitarbeiter-Handlungen vor der Umsetzung im Kundenkontakt nicht durch den Vorgesetzten geprüft werden können. Wie bereits dargelegt, sind Personnel Controls bei der Implementierung von Behavioral Branding von großer Bedeutung: Im Rahmen von *Selection and Placement* sollte Personal rekrutiert werden, das die Markenattribute schweizerisch, gediegen, gebildet, rein/sauber, diskret, und prosozial repräsentiert. Insbesondere aufgrund der (kulturell) heterogenen Klientel ist davon auszugehen, dass dem *Training* eine besondere Relevanz zuteilwird, um den „richtigen", interkulturellen Umgang mit dem Kunden zu erlernen, was beinhaltet, dessen kulturell geprägten Erwartungen situativ schnell und präzise erfassen und adressieren zu können. *Job Design and Provision of necessary Resources* ist bei der Implementierung von Behavioral Branding auch beim *TGV Lyria*® wichtig, damit sich der motivierte Mitarbeiter im Kundenkontakt markenkonform verhalten kann, beweisen kann und nicht etwa durch Überforderung nicht in der Lage ist, das Markenversprechen umzusetzen.

Wie bereits dargelegt, sind **Cultural Controls** essenziell, wenn es darum geht, Behavioral Branding zu implementieren, auch wenn nicht alle Maßnahmen geeignet sind.

Codes of Conduct gewährleisten, dass der Mitarbeiter die Markenattribute von *TGV Lyria*® verstanden hat und schaffen so erst die Voraussetzung, dass Brand Behavior gezeigt wird. *Group-based Rewards* hingegen sind für *TGV Lyria*® ungeeignet, da hier, ebenso wie beim *iDTGV*®, die Bemessung der Gruppen-Performance ein Problem darstellt. *Intra-organizational Transfers* könnten im Falle von *TGV Lyria*® geeignet sein, da hierdurch der Mitarbeiter die Möglichkeit erhält, das eigene Unternehmen sowie Ziele und Strategien desselbigen besser kennenzulernen. Wesentlich für die Implementierung von Behavioral Branding beim *TGV Lyria*® sind die *Physical and Social Arrangements*, die derzeit durch einen eigenen Fuhrpark mit markenspezifischer Ausstattung ausgebaut werden. Diese Möglichkeiten sind jedoch beschränkt, da mitunter auf den *TGV*®-Fuhrpark der *SNCF*® zurückgegriffen wird. Jedoch können die Mitarbeiter ihre „Markenzugehörigkeit" durch die dem Corporate Design der Marke entsprechenden Uniform zum Ausdruck bringen. *Tone at the Top* kann für die Implementierung von Behavioral Branding auch beim *TGV Lyria*® wichtig sein, da hierbei die Führungskräfte (= z. B. die Vorgesetzten der Zugbegleiter) eine Vorbildfunktion übernehmen. Die Besonderheit hier besteht darin, dass *TGV Lyria*® eine Synthese der beiden Marken *SBB*® und *SNCF*® darstellt und mit diesen Marken gemeinsam auftritt (= Co-Branding). Um Orientierung im gemeinsamen Markenauftritt zu verschaffen, ist *Tone at the Top* von herausragender Bedeutung, da hier von der Führungsebene der gemeinsame Markenauftritt „vorgelebt" wird.

Thalys® gibt mit seinem Slogan „van harte welkom" das Markenversprechen, dass der Kunde willkommen ist und mit freundlicher, persönlicher Ansprache rechnen kann. Folgende Merkmale der Markenidentität werden durch das Mitarbeiterverhalten geprägt:

Hinsichtlich der Markentonalität wurde im Kapitel 4.1 festgestellt, dass sich der *Thalys*® mit den Attributen weiblich, europäisch, kulturell bewandert, innovativ und diskret fassen lässt. Das Verhalten des Mitarbeiters sollte freundlich, dem Kunden zugewandt und dennoch distanziert sein. Es ist davon auszugehen, dass die kulturell hoch diverse Klientel unterschiedliche Erwartungshaltungen an das Mitarbeiterverhalten hat. Ungeachtet der Kultur wird zu viel Distanz als weniger unangenehm empfunden als zu wenig Distanz.

Wie schon bei den beiden anderen Marken ist bei *Thalys*® aufgrund der imitierbaren Grundleistung des Transports der Markennutzen im psychosozialen Bereich, im Mitarbeiterverhalten, zu verorten. Das Personal bedarf einer hohen Flexibilität. Da interkulturelle Begegnungen an der Tagesordnung sind, müssen die *Thalys*®-Mitarbeiter in noch höherem Maße als die *TGV Lyria*®-Mitarbeiter eine entsprechende Flexibilität aufweisen.

Die Markenattribute von *Thalys*® sind allgemein mit „europäisch" zu fassen, genauer jedoch mit gastfreundschaftlich/gemütlich (belgisch), pünktlich (deutsch), Savoir-vivre (französisch) und bodenständig (niederländisch) zu umschreiben. Das Mitarbeiterverhalten sollte diese Attribute zum Ausdruck bringen.

Das Markenbild von *Thalys*® wird durch das Corporate Design in Rottönen geleitet, die sich im gesamten Zug und selbst auf der Mitarbeiterkleidung wiederfinden.

Die Markenkompetenz liegt darin, dass *Thalys*® darauf ausgerichtet ist, die Bedürfnisse einer multikulturellen Klientel zu erfüllen. Daher ist auf die „Customization" zu verweisen: Dem Bestreben des Unternehmens, sich den (kultur-)spezifischen Bedürfnissen des Kunden anzupassen.

Welche der vier Controls vorgestellten Maßnahmen sich eignen, um Behavioral Branding bei *Thalys*® zu implementieren, ist wie folgt zu beantworten:

Action Controls erweisen sich im Falle des *Thalys*® als sinnvoll, da mit ihnen das Auftreten des gewünschten Mitarbeiterverhaltens hervorgerufen werden kann.

Action Accountability sind für *Thalys*® von Bedeutung, da hiermit, wie auch schon für die anderen beiden Marken festgestellt, die notwendige Flexibilität des Mitarbeiterverhaltens einhergehen kann. Diese Flexibilität ist gerade im Hinblick auf die Anpassung des Mitarbeiterverhaltens an die Erwartungen des interkulturellen Klientel wichtig, jedoch besteht, wie bereits erwähnt, das Problem, dass das entsprechende Mitarbeiterverhalten nicht „beobachtbar" bzw. messbar ist.

Für die Implementierung von Behavioral Branding bei Zugbegleitern des *Thalys*® dürfte *Redundancy* ebenso wichtig sein wie bei den zuvor behandelten Marken. Schließlich können sich die Mitarbeiter so entspannter und gleichzeitig konzentrierter um die Umsetzung des Markenversprechens bemühen: weiblich, europäisch, kulturell bewandert, innovativ und diskret.

Physical Constraints, Administrative Contraints und Separation of Duties – als Formen der Behavioral Constraints – erscheinen wie auch bei den Marken *iDTGV*® und *TGV Lyria*® ungeeignet. Auch *Preaction Reviews* sind wegen der bereits genannten Gründe (Mitarbeiter-Handlungen können vor der Umsetzung im Kundenkontakt nicht durch den Vorgesetzten geprüft werden) nicht geeignet. Von großer Bedeutung bei der Implementierung von Behavioral Branding hingegen sind, wie auch schon bei den beiden anderen Marken die **Personnel Controls**:

Selection and Placement ist die Maßnahme, bei der die Mitarbeiter rekrutiert werden, welche die Markenattribute gastfreundschaftlich/gemütlich, pünktlich, Savoir-vivre und bodenständig am besten repräsentieren kann. Die Maßnahme *Job Design and Provision of necessary Resources* ist eine weitere Hilfestellung, die dem Mitarbeiter im Umgang mit der kulturell vielfältigen Klientel hilfreich sein kann und dem Implementieren von Behavioral Branding dienlich ist. Alle drei Maßnahmen der Personnel Controls sind also für die Implementierung von Behavioral Branding bei *Thalys®* besonders geeignet, sie sollten unbedingt durch den Einsatz von **Cultural Controls** ergänzt werden. Der Einsatz von *Codes of Conduct* kann gewährleisten, dass der Mitarbeiter die Markenattribute von *Thalys®* versteht, außerdem können Codes of Conduct dem Mitarbeiter eine Orientierung für die Wahl der geeigneten Handlungen im spezifischen Kundenkontakt geben. *Group-based Rewards* hingegen sind für *Thalys®* ebenso ungeeignet wie für *iDTGV®* und *TGV Lyria®*, da die Bemessung der Gruppen-Performance ein Problem darstellt. *Intra-organizational Transfers* könnten im Falle von *Thalys®* geeignet sein, da das Unternehmen relativ klein ist und der Mitarbeiter Ziele und Strategien desselbigen relativ gut kennenlernen kann: *Thalys®* hat eine eigene Kundendiensthotline und eine eigene Beschwerdeabteilung. Wesentlich für die Implementierung von Behavioral Branding beim *Thalys®* sind die *Physical and Social Arrangements*, die sich in der inneren und äußeren Ausstattung des unternehmenseigenen Fuhrparks, der Kleidung des Personals und in der institutionalisierten Gepflogenheit, die drei Ländersprachen sowie Englisch gleichberechtigt anzuwenden (= z. B. standardisierte Begrüßung in vier Sprachen), widerspiegeln.

Tone at the Top ist wesentlich für die Implementierung von markenspezifischem Brand Behavior, wie bei den zwei Marken zuvor, auch beim *Thalys®* wichtig. Schließlich ist die Vorbildfunktion der Vorgesetzten ein guter Orientierungspunkt für markenkonformes Verhalten.

4.3 Zwischenfazit: Eignung der Management Controls zur Implementierung von Behavioral Branding

Hinsichtlich der Eignung der Management Controls zur Implementierung von Behavioral Branding zeigte sich in den vorangegangenen Kapiteln, dass die Besonderheiten des Dienstleistungsbereichs, die sich zum Beispiel in der notwenigen Integration des externen Faktors (= des Kunden) zeigen, einen maßgeblichen Einfluss darauf haben, welche Management Controls im Kontext des Behavioral Brandings als sinnvoll und welche als weniger sinnvoll einzuschätzen sind. Ein maßgeblicher Aspekt in diesem Zusammenhang ist der Umstand, dass die Mitarbeiter eines jedweden genannten Unternehmens im Kundenkontakt ein gewisses Maß an Flexibilität aufweisen müssen. Diesem Umstand müssen Management Control Systems explizit Rechnung tragen: Diese Flexibilität muss den Mitarbeitern durch das Unternehmen – im Rahmen der Management Control Systems – gewährt werden.

Zusammenfassend kann festgehalten werden, dass sich im Rahmen der Action Controls Action Accountability und Redundancy besonders zur Implementierung des Behavioral Brandings eignen. Behavioral Constraints, in den drei Formen Physical Constraints, Administrative Constraints und Separation of Duties erwiesen sich hingegen als ungeeignet.

Results Controls erweisen sich hinsichtlich der Implementierung des Behavioral Brandings als theoretisch geeignet, scheitern jedoch an der situativ unzureichend gegebenen Messbarkeit.

Im Rahmen der Personnel Controls eignen sich die drei vorgestellten Maßnahmen Selection and Placement, Training und Job Design and Provision of necessary Resources gleichermaßen zur Implementierung des Behavioral Brandings und ergänzen einander zudem.

Im Rahmen der Cultural Controls eignen sich zur Implementierung des Behavioral Brandings die Codes of Conduct, Physical Constraints, Intra-organizational Transfers und Tone at the Top besonders. Lediglich die Group-based Rewards müssen als nicht praktikabel eingeschätzt werden, da hier, wie bei den Results Controls, keine Möglichkeit besteht, das Ergebnis (= markenkonformen Verhalten) zu kontrollieren und zu messen.

Es kann damit festgehalten werden, dass Management Control Systems zur Implementierung von Behavioral Branding geeignet sind. Jedoch ist die Eignung der einzelnen Controls nicht allein anhand der Anforderungen des Unternehmens zu bemessen, sondern bedarf auch einer Berücksichtigung der Umwelt. Hierauf wird im folgenden Kapitel eingegangen.

4.4 Diversity Management als Faktor der erfolgreichen Implementierung von Behavioral Branding

Wie in Kapitel 4.2 dargelegt, sind im Dienstleistungsbereich die Personnel und Cultural Controls von besonderer Bedeutung: Hiermit kann das persönliche Commitment des Mitarbeiters gefördert werden, welches als Grundlage für ein markenkonformes aber auch flexibles Verhalten angesehen werden kann. Die Flexibilität, dies wurde in Kapitel 4.2. deutlich, ist wesentlich für ein dem Kunden zugewandtes Mitarbeiterverhalten und somit gleichzeitig wesentlich für die Umsetzung des Markenversprechens. In diesem Zusammenhang ist es wichtig, dass sich das strategische Management zum einen zwar darauf konzentriert, den Mitarbeiter dazu zu bringen, sich markenkonform zu verhalten, zum anderen dafür aber die individuellen, persönlichen Eigenschaften des Mitarbeiters nutzen. Der Ansatz des Diversity Management befasst sich damit, eben diese Persönlichkeitseigenschaften der Mitarbeiter als Potenzial zu begreifen, und diese zur Umsetzung der unternehmenseigenen Ziele als Ressourcen einzusetzen.

Daher ist Diversity Management auch im Kontext des Behavioral Branding von Relevanz.

Um die Persönlichkeitseigenschaften des Mitarbeiters – und damit verbunden dessen Potenzial erschließen zu können – ist es notwendig, verschiedene Bereiche der Diversität zu betrachten. Im Diversity Management werden hierbei sechs Kernbereiche unterschieden, diese sind Alter, Behinderung, Ethnizität (Kultur, Sprache, Nationalität) Geschlecht, Religion und sexuelle Orientierung (Theven, 2010, S. 10). Diese Bereiche haben jedoch nicht alle dasselbe Gewicht im Hinblick auf die praktische Relevanz des Mitarbeitereinsatzes. So schreibt Klein (2008, S. 14): „Auch wenn [...] Ethnizität, im Sinne des Management [sic!] der Interkulturalität, nur ein Aspekt des Diversity Management ist, wird ihr im Vergleich zu den anderen Dimensionen ein relativ starkes Gewicht zuteil." Im Folgenden wird daher näher auf die Bedeutung der kulturellen Komponente, nämlich der Ethnizität für die Implementierung von Behavioral Branding eingegangen.

Zuvor ist es jedoch notwendig, zwischen verschiedenen Formen von Kultur zu unterscheiden: Neben der „Ethnizität" gibt es eine weitere – unternehmensinterne – Form von Kultur: Ausgehend von Hofstede und Hofstede (2006, S. 9), die Kultur als „Kondensat" von Werten und Praktiken sehen, können die Attribute, die die Markenidentität ausmachen (und die somit dem Markenversprechen entsprechen) als kulturelle, unternehmenseigene Werte verstanden werden. Das Leben dieser Werte durch den Mitarbeiter ist Ziel des Behavioral Brandings. Hofstede und Hofstede (2006, S. 4) definieren Kultur auch als „die kollektive Programmierung des Geistes, die die Mitglieder einer Gruppe oder Kategorie von Menschen von einer anderen unterscheidet. Sie ist erlernt, und nicht angeboren." Hieraus lassen sich zwei Erkenntnisse für das strategische Management ziehen. Zum einen eignet sich Kultur zur Steuerung des Mitarbeiterverhaltens, da sie ein kollektiv geschätztes Gedankengut ist. Dies kommt bei den Cultural Controls zum Tragen. Zum anderen kann sie – wenn auch nur bedingt – verändert werden, da sie erlernt und nicht angeboren ist. Letztere Erkenntnis ist für die Steuerung des Mitarbeiterverhaltens in Unternehmen, die in mehr als einem Kulturkreis tätig sind, enorm wichtig: Hier gilt es, die Unternehmenskultur an die Kulturkreise anzupassen, in denen das Unternehmen tätig ist. Der Mitarbeiter-Kunden-Kontakt kann umso zufriedenstellender vollzogen werden, je besser die Unternehmenskultur die Kulturkreise der Kunden wertschätzt und achtet. Ist ein derartiges Verständnis nicht existent, kann es sein, das unterschiedliche kulturelle Werte zu einer unterschiedlichen Interpretation ein und desselben Markenversprechens führt.[63] Wie sich anhand der drei Unternehmensbeispiele gezeigt hat, scheinen nahezu dieselben Management Controls zur markenspezifischen Implementierung von Behavioral Branding geeignet zu sein. Dieses Ergebnis ist – aus kultureller Sicht – kritisch zu sehen: Bei allen drei Unternehmen dominiert die französische Staatsbahn, *SNCF*®, als Muttergesellschaft. In dieser Funktion könnte sie einen prägenden Einfluss auf die Unternehmenskultur des Tochterunternehmens ausüben. Dieser Schluss greift jedoch zu kurz, da sich die Mitarbeiter in verschiedenen (inter)kulturellen Umfeldern beweisen müssen. Für *iDTGV*® mag sich dieses Problem als unwesentlich erweisen, da nur innerfranzösische Verbindungen angeboten werden und der französische Kulturkreis nicht verlassen wird. *TGV Lyria*® agiert jedoch transnational und sieht sich der französischen und den schweizerischen Kulturen[64] gegenübergestellt. Bei *Tha-*

---

[63] Zu beachten ist in diesem Kontext auch, dass der einzelne Mitarbeiter eine persönliche Interpretation des Markenversprechens hat, was sich wiederum auf sein Verhalten auswirkt.

[64] Gemeint sind hier die deutschsprachige und die französischsprachige Schweiz, die Hofstede jeweils als eigenständige Kultur behandelt (Hofstede/Hofstede, 2006, S. 55 f.).

lys® schließlich gilt es, das in vier Sprachen[65] verfasste Markenversprechen in fünf Kulturkreisen[66] zu „leben". Aus diesem Grund soll im Folgenden Thalys als Beispiel herangezogen werden, um zum einen die Bedeutung der kulturellen Komponente bei der Implementierung von Behavioral Branding (und damit verbunden dem Brand Behavior) deutlich zu machen und zum anderen der Frage nachzugehen, was vom Mitarbeiter erwartet werden muss, damit er das Markenversprechen im Kundenkontakt einlösen kann. Hierbei wird davon ausgegangen, dass die Kunden das Markenversprechen im Hinblick auf die für sie relevanten Dimensionen interpretieren. Sie sind mit der Marke „zufrieden" sind, wenn das Markenversprechen besonders im Bereich der für sie relevanten Kulturdimensionen erfüllt wird.

Der Begriff Kulturdimension wurde von Hofstede (2006) geprägt, sie werden für den Vergleich von Kulturen eingesetzt. Um die Unterschiede zwischen den Thalys-relevanten Kulturen deutlich zu machen, werden nun die fünf Dimensionen entsprechend behandelt.Die Kulturdimension **Machtdistanz** definieren Hofstede und Hofstede (2006, S. 59) als „Ausmaß, bis zu welchem die weniger mächtigen Mitglieder von Institutionen bzw. Organisationen eines Landes erwarten und akzeptieren, dass Macht ungleich verteilt ist." Hinsichtlich dieser Dimension zeigt sich für die Thalys-relevanten Länder ein Kontinuum, wobei Frankreich, Flandern und die Wallonie eher zu hoher, Deutschland und die Niederlande eher zu geringer Machtdistanz tendieren. Machtdistanz hat direkte Auswirkungen auf die im Kundenkontakt zu zeigende Distanz (Klein, 2008, S. 19). Es ist davon auszugehen, dass deutsche Zugbegleiter sich im Kontakt mit französischen Kunden etwas schwer tun, die vom französischen Kunden erwartete Machtdistanz an zu zeigen[67]. Mit dem Slogan „van harte welkom" reagiert *Thalys*® auf

---

[65] Deutsch, Englisch, Französisch und Niederländisch

[66] Deutschland, Flandern (= niederländischsprachiges Belgien), Frankreich, Niederlande und Wallonie (= französischsprachiges Belgien)

[67] Es ist davon auszugehen, dass nicht an den Tag gelegte Machtdistanz nicht so tragisch ist, wie das Fehlen von Machtdistanz, dort wo sie erwartet wird.

diese Thematik, da die Grundzüge eines erstklassigen Kundenservices in den betrachteten Kulturen nicht divergieren, wohl aber die Art und Weise, in derer diese erbracht werden. „van harte welkom" impliziert per se ein außerordentliches Eingehen auf die Bedürfnisse des Kunden. Die Kulturdimension **Kollektivismus/Individualismus** befasst sich mit den sozialen Bindungen in einer Gesellschaft (Hofstede/Hofstede, S. 102):

> „Individualismus beschreibt Gesellschaften, in denen die Bindungen zwischen den Individuen locker sind; man erwartet von jedem, dass er für sich selbst und für seine unmittelbare Familie sorgt. Sein Gegenstück, der Kollektivismus, beschreibt Gesellschaften, in denen der Mensch von Geburt an in starke, geschlossene Wir-Gruppen integriert ist, die ihn ein Leben lang schützen und dafür bedingungslose Loyalität verlangen."

Die Thalys-relevanten Kulturen schneiden ausnahmslos individualistisch ab, sodass hieraus der Schluss gezogen werden kann, dass jeder Kunde seine ganz persönliche Erwartung an die Marke hat und der Service im Dienstleistungsbereich demzufolge customized sein sollte. Dies hebt mehr die Bedeutung des Diversity Managements hervor, bei dem es darum geht, die individuellen Eigenschaften des Mitarbeiters zur Einlösung des Markenversprechens im Kundenkontakt einzusetzen: Durch den Einsatz der Mitarbeiterpersönlichkeit wird der Kundenkontakt persönlicher und damit individueller.

Die Kulturdimension Die Dimension **Maskulinität/Feminität** benennt zwei gegensätzliche Pole, und referiert auf Eigenschaften der Geschlechterrollen (Hofstede/Hofstede, 2006, S. 165):

> „Eine Gesellschaft bezeichnet man als *maskulin*, wenn die Rolle der Geschlechter emotional klar gegeneinander abgegrenzt sind: Männer haben bestimmt, hart und materiell orientiert zu sein, Frauen dagegen müssen bescheidener, sensibler sein und Wert auf Lebensqualität legen. Als feminin bezeichnet man eine Gesellschaft, wenn sich die Rollen der Geschlechter emotional überschneiden: sowohl Frauen als auch Männer solle bescheiden und feinfühlig sein und Wert auf Lebensqualität legen."

Während Deutschland und die Wallonie eher maskulin geprägt sind, nehmen Flandern und Frankreich eine Mittelstellung ein. Die Niederlande sind stark feminin geprägt. Klein schreibt: „In Hinblick auf Kundenbedürfnisse werden in femininen Kulturen Komfort und zusätzliche Services stärker durch Kundenzufriedenheit belohnt, als dies in maskulinen Kulturen geschieht. In letzteren spielen zeitliche und monetäre Faktoren eine größere Rolle." (Klein, 2008, S. 21).

Für die Mitarbeiter im interkulturellen Kontext ist es wichtig, sich dieser Unterschiede bewusst zu sein.

Die Kulturdimension **Unsicherheitsvermeidung** thematisiert den Umgang einer Kultur mit Ungewissheit. Hofstede und Hofstede (2006, S. 233) definieren sie als den „Grad, bis zu dem die Mitglieder einer Kultur sich durch uneindeutige oder unbekannte Situationen bedroht fühlen." Diese Dimension ist in den betrachteten Kulturen insgesamt hoch ausgeprägt, wobei Flandern, Frankreich und die Wallonie deutlich höhere Werte erzielen als Deutschland und die Niederlande. Unsicherheitsvermeidung ist in den betrachteten Kulturkreisen von ausnahmslos hoher Bedeutung. Im Kontext von *Thalys*® ist also davon auszugehen, dass der Mitarbeiter gegenüber den Kunden Sicherheit und Verlässlichkeit vermitteln sollten. Die Kulturdimension **Lang-/Kurzzeitorientierung** befasst sich mit der zeitlichen Orientierung einer Kultur (Hofstede/Hofstede, 2006; S. 292 f.):

> „Langzeitorientierung steht für das Hegen von Tugenden, die auf künftigen Erfolg hin ausgerichtet sind, insbesondere Beharrlichkeit und Sparsamkeit. Das Gegenteil, die Kurzzeitorientierung, steht für das Hegen von Tugenden, die mit der Vergangenheit und der Gegenwart in Verbindung stehen, insbesondere Respekt für Traditionen, Wahrung des `Gesichts´ und die Erfüllung sozialer Pflichten."

Sie ist für den hier behandelten Sachverhalt nicht relevant: Diese Dimensionen liefert keine aussagekräftigen Implikationen im Hinblick auf die Implementierung von Behavioral Branding.

Anhand der Kulturdimensionen, die im Kontext der *Thalys*®-Dienstleitungen dargestellt wurden, konnte verdeutlich werden, dass die Berücksichtigung des kulturellen Hintergrundes wesentlich ist – auch bei der Implementierung des Behavioral Brandings. Daher kann empfohlen werden, dass zusätzlich zu den in Kapitel 4.2 als geeignet genannten Management Controls das strategische Management eines interkulturell agierenden Unternehmens nach Möglichkeit auch das Diversity Management zur Implementierung des Behavioral Brandings einsetzen sollte.

5 Kritische Würdigung und Ausblick

In dieser Arbeit wurde anhand von den drei Dienstleistungsmarken *iDTGV*®, *TGV Lyria*® und *Thalys*® aus dem schienengebundenen Transportsektor der Frage nachgegangen, welche Management Control Systems eingesetzt werden sollten, um eine erfolgreiche Implementierung des Behavioral Branding zu gewährleisten.

Anhand der genannten Beispiele sollte gezeigt werden, dass eine Implementierung von Behavioral Branding nur durch ein Zusammenspiel von Action und Results Controls sowie Personnel und Cultural Controls vollzogen werden kann.

Es hat sich jedoch gezeigt, dass im genannten Dienstleistungsbereich vor allem Action, Personnel und Cultural Controls bedeutsam sind. Zwar sind Results Controls theoretisch ebenfalls eine bedeutsame Art der Management Controls, sie scheitern im behandelten Dienstleistungsbereich praktisch aber daran, dass auf Seite des strategischen Managements kaum Möglichkeit besteht, das Ergebnis (im vorliegenden Fall entspricht dies dem markenkonformen Verhalten) zu kontrollieren und zu messen.

Die Gründe, warum sich im Dienstleitungsbereich vor allem Action, Personnel und Cultural Controls eignen, liegen in den konstitutiven Merkmalen dieses Bereiches. Hier ist vor das Fehlen physischer Markeneigenschaften zu nennen, weswegen der Mitarbeiter durch sein Verhalten das Markenversprechen erfüllen muss. Die genannten Controls eignen sich dafür, das entsprechende Verhalten beim Mitarbeiter zu evozieren. Die Personnel und Cultural Controls sind von besonderer Bedeutung, da hiermit das persönliche Commitment des Mitarbeiters gefördert werden kann: Dies ist die Grundlage für ein markenkonformes aber auch gleichzeitig flexibles, dem Kunden zugewandtes Verhalten.

Diversity Management ist ein wichtiger Faktor bei der Implementierung von Behavioral Branding, da hierbei die Persönlichkeitseigenschaften der Mitarbeiter – so auch ihr kultureller Hintergrund – berücksichtigt werden. Die Berücksichtigung des kulturellen Hintergrundes, so konnte gezeigt werden, ist gerade im Dienstleistungsbereich besonders wichtig, weil sowohl Mitarbeiter als auch Kunden durch diesen beeinflusst sind. Der kulturelle Hintergrund hat mithin Auswirkungen auf die Kundenerwartungen und auf die Art und Weise, wie der Mitarbeiter diesen Erwartungen entspricht. Daher kann empfohlen werden, dass das strategische Management eines interkulturell agierenden Unternehmens zur Implementierung des Behavioral Brandings zusätzlich zu den als geeignet bewerteten Management Controls auch auf die Möglichkeiten des Diversity Managements zurückgreifen sollte.

Literaturverzeichnis

Bücher

Anthony, R. N./Govindarajan, V. (2007): Management Control Systems, 12. Aufl., Boston et al.

Bruhn, M./Meffert, H. (2012): Handbuch Dienstleistungsmarketing, Planung – Umsetzung - Kontrolle, Wiesbaden.

Corsten, H. (2001): Dienstleistungsmanagement, 4. Aufl., München.

Esch, F.-R. (2008): Strategie und Technik der Markenführung, 5. Aufl., München.

Ewert, R./Wagenhofer, A. (2008): Interne Unternehmensrechnung, Berlin.

Festinger, L. (1957): A Theory of Cognitive Dissonance, Stanford.

Gerrig, R. J./Zimbardo, P. G. (2008): Psychologie, 18. Aufl., München.

Hugenberg, H. (2011): Strategisches Management im Unternehmen, Ziele, Prozesse, Verfahren, 6. Aufl., Wiesbaden.

Kamiske, G. F./Brauer, J.-P. (2008): Qualitätsmanagement von A-Z, Erläuterungen moderner Begriffe des Qualitätsmanagement, 6. Aufl., München.

Kauffeld, S. (2011): Arbeits-, Organisations- und Personalpsychologie, Berlin.

Klein, T. (2008): Diversity Management als Instrument zur Steigerung interkultureller Kundenzufriedenheit – eine kritische Analyse anhand des Beispiels Thalys International SCRL, München.

Merchant, K. A./Van der Stede, W. A. (2012): Management Control Systems, Performance Measurement, Evaluation and Incentives, 3. Aufl., Harlow et al.

Nießing, J. (2006): Kundenbindung im Verkehrsdienstleistungsbereich – Ein Beitrag zum Verkehrsmittelwahlverhalten von Bahnreisenden, Wiesbaden.

Oliver, W. (2010): Motivation und Führung von Mitarbeitern: Personalführung in Zeiten des Wertewandels, Hamburg.

Sponheuer, B. (2010): Employer Branding als Bestandteil einer ganzheitlichen Markenführung, Wiesbaden.

Sterzenbach, R./Conrady, R. (2003): Luftverkehr – Betriebswirtschaftliches Lehr- und Handbuch, 3. Aufl., München.

Zeitschriftenbeiträge

Aaker, J. L. (1997): Dimensions of Brand Personality, in: Journal of Marketing Research, Vol. 34, S. 347-356.

Jacoby, J./Speller, D.E./Kohn, C. A. (1974): Brand Choice Behavior as a Function of Information Load, in: Journal of Marketing Research, Vol. 11, S. 63-69.

Malmi, T./Brown, D.A. (2008): Management Control Systems as a package, Opportunities, challenges and research directions, in: Management Accounting Research, Vol. 19, S. 287-300.

Beiträge in Sammelwerken

Burmann, C./Meffert, H. (2005a): Theoretisches Grundkonzept der identitätsorintierten Markenführung, in: Meffert, H./Burmann, C./Koers, M. (Hrsg.): Markenmanagement, Identitätsorientierte Markenführung und praktische Umsetzung, 2. Auflage, Wiesbaden, S. 37-72.

Burmann, C./Meffert, H. (2005b): Gestaltung von Markenarchitekturen, in: Meffert, H./Burmann, C./Koers, M. (Hrsg.): Markenmanagement, Identitätsorientierte Markenführung und praktische Umsetzung, 2. Auflage, Wiesbaden, S. 163-182.

Burmann, C./Meffert, H./Feddersen, C. (2007): Identitätsbasierte Markenführung, in: Florack, A./Scarabis, M./Primosch, E. (Hrsg.): Psychologie der Markenführung, München, S. 3–30.

Burmann, C./Schleusener, M./Weers, J.-P. (2005): Identitätsorientierte Markenführung bei Dienstleistungen, in: Florack, A./Scarabis, M./Primosch, E. (Hrsg.): Psychologie der Markenführung, München, S. 411–432.

Burmann, C./Zeplin, S. (2005): Innengerichtetes identitätsbasiertes Markenmanagement, in: Meffert, H./Burmann, C./Koers, M. (Hrsg.): Markenmanagement, Identitätsorientierte Markenführung und praktische Umsetzung, 2. Auflage, Wiesbaden, S. 115-139.

Brexendorf, T. O./Tomczak, T./Kernstock, J./Henkel, S./Wentzel, D. (2012): Der Einsatz von Instrumenten zur Förderung von Brand Behavior, in: Tomczak, T./Esch, F.-R./Kernstock, J./Herrmann, A. (Hrsg.): Behavioral Branding, Wie Mitarbeiterverhalten die Marke stärkt, 3. Auflage, Wiesbaden, S. 339-371.

Eickhoff, M. (2003): Innovations-Controlling, in: Pepels, W. (Hrsg.): Marketing-Controlling-Kompetenz, Grundwissen marktorientierter Unternehmenssteuerung, Berlin, S. 83-108.

Einwiller, S. (2007): Corporate Branding, Das Management der Unternehmensmarke, in: Florack, A./Scarabis, M./Primosch, E. (Hrsg.): Psychologie der Markenführung, München, S. 113–135.

Esch, F.-R./Strödter, K. (2012): Aufbau des Markencommitments in Abhängigkeit des Mitarbeiter-Marken-Fits, in: Tomczak, T./Esch, F.-R./Kernstock, J./Herrmann, A. (Hrsg.): Behavioral Branding, Wie Mitarbeiterverhalten die Marke stärkt, 3. Auflage, Wiesbaden, S. 141-159.

Florack, A./Scarabis, M. (2007): Personalisierte Ansätze der Markenführung, in: Florack, A./Scarabis, M./Primosch, E. (Hrsg.): Psychologie der Markenführung, München, S. 177–196.

Henkel, S./Tomczak, T./Jenewein, W. (2012): Werbung als Verhaltensvorbild für Mitarbeiter in: Tomczak, T./Esch, F.-R./Kernstock, J./Herrmann, A. (Hrsg.): Behavioral Branding, Wie Mitarbeiterverhalten die Marke stärkt, 3. Auflage, Wiesbaden, S. 445-467.

Henkel, S./Tomczak, T/Kernstock, J./Wentzel, D./Brexendorf, T. O. (2012): Das Behavioral-Branding-Konzept, Leitlinie für das Management von Brand Behavior, in: Tomczak, T./Esch, F.-R./Kernstock, J./Herrmann, A. (Hrsg.): Behavioral Branding, Wie Mitarbeiterverhalten die Marke stärkt, 3. Auflage, Wiesbaden, S. 199-212.

Kernstock, J. (2012): Behavioral Branding als Führungsansatz, in: Tomczak, T./Esch, F.-R./Kernstock, J./Herrmann, A. (Hrsg.): Behavioral Branding, Wie Mitarbeiterverhalten die Marke stärkt, 3. Auflage, Wiesbaden, S. 3-33.

Wentzel, D./Tomczak, T/Hermann, A. (2012): Storytelling im Behavioral Branding in: Tomczak, T./Esch, F.-R./Kernstock, J./Herrmann, A. (Hrsg.): Behavioral Branding, Wie Mitarbeiterverhalten die Marke stärkt, 3. Auflage, Wiesbaden, S. 427-442.

Wentzel, D./Tomczak, T./Kernstock, J./Brexendorf, T./Henkel, S. (2012): Der Funnel als Analyse- und Steuerungsinstrument von Brand Behavior in: Tomczak, T./Esch, F.-R./Kernstock, J./Herrmann, A. (Hrsg.): Behavioral Branding, Wie Mitarbeiterverhalten die Marke stärkt, 3. Auflage, Wiesbaden, S. 79-99.

Forschungspapier

Kreutzer, R.T./Salomon, S. (2009): Internal Branding: Mitarbeiter zu Markenbotschaftern machen – dargestellt am Beispiel von DHL, Working Paper No. 45, Fachhochschule für Wirtschaft Berlin, Lehrstuhl Business & Management, Berlin.

Internetquelle

iDTGV (2012): Dossier de presse iDTGV, Paris, URL:
http://www.idtgv.com/var/idtgv/storage/fckeditor/File/presse_et_communication/D
ossier%20de%20presse%20iDTGV%20-%20Mars%202012.pdf, Abfrage:
16.08.2012.

iDTGV (2006): Dossier de presse iDTGVandCo, Paris, URL:
http://www.idtgv.com/var/idtgv/storage/fckeditor/File/presse_et_communication/D
P_iDTGVandCo.pdf, Abfrage: 16.08.2012.

TGV Lyria (2012): Dossier de Presse, Mars 2012, Paris, URL: http://tgv-
lyria.com/main/FCK/File/site_fr/Pdf/presse/RR-DP-FR-HD.pdf, Abfrage:
16.08.2012.

Thalys (2012): Bienvenue chez nous – A propos de Thalys, Brüssel, URL:
http://www.thalys.com/be/fr/a-propos-de-thalys/presentation, Abfrage: 16.08.2012.

Thalys (2011a): Thalys: passion culture, Brüssel, URL:
http://www.thalys.com/img/pdf/presse/package/fr/1323083659_BeFr._11.05.26._D
ossier_de_Presse_-_Culture.pdf, Abfrage: 16.08.2012.

Thalys (2011b): Dossier de Presse Thalys, Brüssel, URL:
http://www.thalys.com/img/pdf/presse/package/fr/1323083673_BeFr._11.06.16_Do
ssier_de_presse_Thalys.pdf, Abfrage: 16.08.2012.